임상미술의 이해

● **지은이 일본임상미술협회**

집필 협력

가네코 겐지金子健二_ 조각가, 일본임상미술협회 이사, 예술조형연구소 대표이사, 도호쿠복지대학 특임교수, 도호쿠복지대학 감성복지연구소 연구원

우노 마사키宇野正威_ 의학박사, 일본임상미술협회 부이사장, 국립정신 · 신경센터 무사시병원 전부원장, 도호쿠복지대학 객원교수

세키네 가즈오關根一夫_ 목사, 일본임상미술협회 이사, 오챠노미즈 크리스천 센터 상임이사, 도호쿠복지대학 감성복지연구소 연구원

니시다 세이코西田淸子_ 일본임상미술협회 사무국장, 예술조형연구소 임원, 도호쿠복지대학 감성복지연구소 연구원

기무라 신木村 伸_ 의학박사, 뇌신경외과전문의, 일본임상미술협회 이사, 기무라클리닉 원장, 도호쿠복지대학 감성복지연구소 연구원

● **옮긴이**

김선현_ 이학 박사(예술치료 전공), 독일 베를린 훔볼트대학부속병원 예술치료 인턴과정 연수, 일본 임상미술협회 미술치료 연수, 미국 MD Anderson Cancer Center 예술치료 연수, 프랑스 파리 LES PINCEAUX ASSOCIATION 연수
현 : 한국임상미술학회 회장, 포천중문의과대학교 보건복지대학원 임상미술학 전공교수, 포천중문의과대학교 차병원 미술치료클리닉 교수
저서 : 『임상미술의 이해』, 『점토를 통한 미술치료』, 『나는 작품을 만지러 미술관에 간다』, 『보완대체의학』(공저), 『흙동이와 찰흙놀이 해요』, 『흙동이의 유아 찰흙놀이』

전세일_ 연세대학교 의과대학 졸업, 미국 펜실베이니아의대 재활의학과 교수, 국제침술학회 회장, 한국대체의학회 회장 역임
현 : 포천중문의대 대체의학대학원 원장, 세계자유치유의학연맹 총재, 국제재활의학회 부회장, 차바이오메디컬센터 원장, 한국통합의학회 회장
저서 : 『뇌졸중 백과』, 『재활치료학』, 『제대로 건강법』, 『보완대체의학』, 『침술의학』, 『새로운 의학, 새로운 삶』(공저), 『현대과학의 쟁점』(공저), 『자세이완치료』(공저), 『통증의 이론과 치료』(공저) 외 다수

RINSHO BIJUTSU NO SUSUME
by NIHON RINSHO BIJUTSU KYOKAI

Copyright ⓒ 2004 NIHON RINSHO BIJUTSU KYOKAI
All rights reserved.
Originally published in Japan by NIHON CHIIKI SHAKAI KENKYU-JO, Tokyo.
Korean translation rights arranged with NIHON CHIIKI SHAKAI KENKYU-JO, Japan through
THE SAKAI AGENCY and COREA LITERARY AGENCY.
Korean translation rights ⓒ Theory&Praxis Publishing co.

이 책의 한국어 판 저작권은 Corea 에이전시/THE SAKAI AGENCY를 통한 (株)일본지역사회연구소와 독점 계약한 도서출판 이론과실천에 있습니다. 저작권법에 의해 한국 내에서 보호를 받는 저작물이므로 무단전재와 무단복제를 금합니다.

지은이 일본임상미술협회 | **옮긴이** 김선현, 전세일 | **처음 찍은날** 2006년 3월 3일 | **처음 펴낸날** 2006년 3월 10일 | **펴낸곳** 이론과실천 | **펴낸이** 박상영 | **등록** 서울시 제10-1291호 | **주소** 121-856 서울시 마포구 신수동 448-6 한국출판협동조합 내 | **전화** 02-714-9800 | **팩시밀리** 02-702-6655

ISBN 89-313-6008-8 93510

값 11,000원
*잘못된 책은 바꾸어 드립니다.

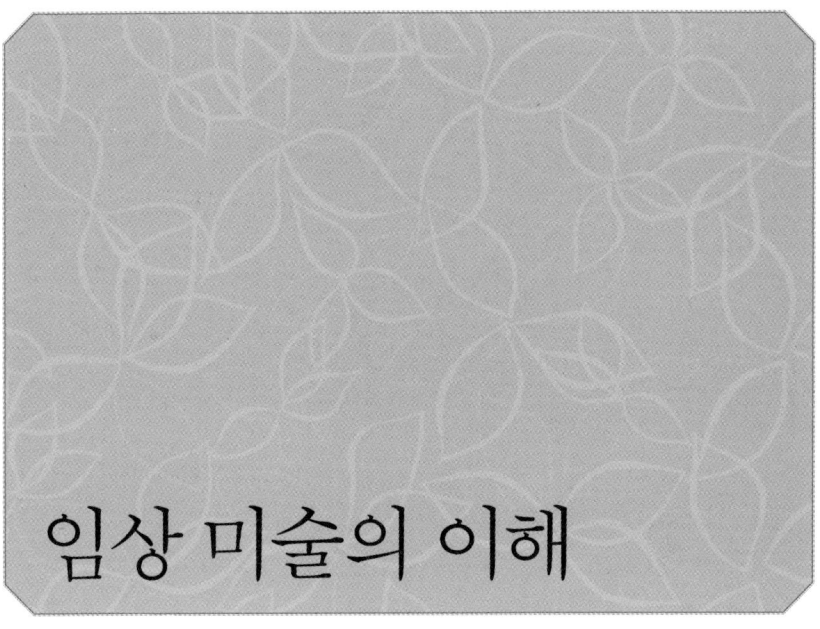

임상 미술의 이해

일본임상미술협회 지음 | 김선현 · 전세일 옮김

이론과 실천

1 뇌를 활성화하는 임상미술치료

2 알츠하이머의 진행을 늦추기 위하여

6 전국으로 확산되는 임상미술, 그 최전선

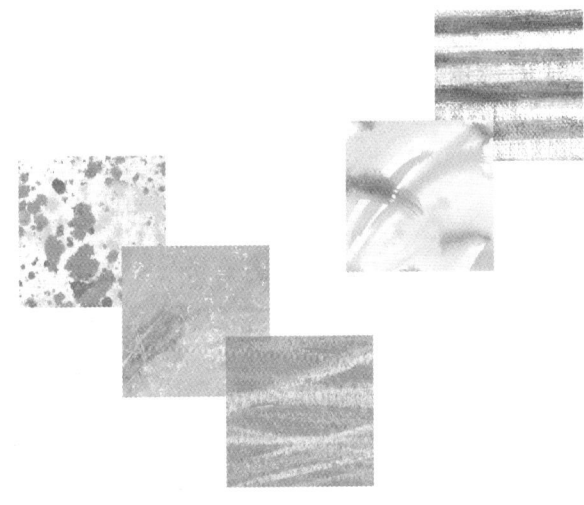

• 역자 서문 •

　21세기에는 의학의 축이 '질병 중심'에서 '건강 중심'으로 옮겨가고 있다. '어떻게 병을 찾아서 없애버릴까?' 라는 의학의 틀에서 '어떻게 건강을 유지시켜 나갈까?'로 패러다임이 바뀌어가고 있다는 뜻이다. 병에 걸리지 않았다고 건강하다고 말할 수는 없으며, 건강을 잃었다고 병에 걸렸다고 말할 수도 없는 것이다. 건강도 아니며 병도 아닌 회색지대가 있다. 바로 불건강(미병)이 회색지대이다. 병은 나았지만 아직 건강하지 않은 상태가 불건강(不健康)이며, 건강은 잃었지만 아직 병이 아닌 상태가 미병(未病)이다. 대부분의 사람들은 불건강의 상태에서 살아가고 있으며, 극히 일부가 건강한 사람들이고 또 극히 일부가 환자들이다. 건강에서 질병으로 가는 길목에서 불건강의 상태를 제대로 다스려야만 병도 예방할 수 있고 건강을 유지할 수 있을 것이다.

　이러한 불건강을 다스리겠다고 팔을 걷고 나선 의료계의 개척자가 소위 보완대체의학이다. 보완대체의학이란 정통 서양의학을 제외한 그 이외의 모든 문화권에 전래되어 내려오는 전통의학과 민간요법을 통틀어 연구대상으로 삼는 의학을 말한다. 지금까지 알려진 대체요법은 200여 가지나 된다. 이들 요법 중에는 이미 과학적인 방법으로 연구가 이루어진 것도 상당히 있는가 하면 아직 효능과 부작용이 객관적으로 연구되어 있지 않은 것도 상당수 있다. 현재 보완대체요법이 널리 보급, 확산되는 추세에 발맞추어 이에 대한 연구열도 놀라운 속도로 고조되고 있는 것은 참으로 다행한 일이라 할 수 있다.

특히 최근에 전 세계적으로 각별한 관심의 대상이 되고 있는 치료법이 '임상예술치료(Clinical Art Therapy)'이다. 이중 임상미술치료는 문자 그대로 의료진과의 연계 속에서 환자를 접하고, 미술을 통하여 심신의 상태를 파악하며, 미술을 이용하여 질병이나 증상의 호전을 도모하여 나아가 건강증진을 추구하는 치료이다. 의료에 있어서 '치료자가 모든 치료를 제공하는 행위자가 되고 환자는 피동적으로 치료를 받기만 하는 수혜사가 되는 진료의 틀을 기계적 접근법(technological approach)'이라고 하는데 반해, '치료자는 어떤 것이 옳고 그른지를 알려주는 지도자의 역할을 담당하고, 환자가 직접 치료 행위를 수행하는 행위자가 되는 진료의 틀을 인문적 접근법(humanistic approach)'이라고 한다. 따라서 임상미술치료는 인문주의적 치료 접근법을 택하고 있는 셈이다. 임상미술치료는 광범위한 의미에서 빛과 색깔과 형태를 다루기 때문에, 아직도 연구가 진행 중에 있는 보완대체의학 범주에 포함되는 부분도 없지 않지만, 이미 제도권 안의 진료에 접목되어 실제 임상에 적용되고 있는 부분도 많이 있다. 어린이나 노인의 사회심리장애라든가 정신질환이나 뇌신경질환 같은 만성병의 보조요법으로 응용되고 있다.

또 21세기는 3D의 시대라고도 한다. 3D란 Digital(정보화), DNA(생명공학), Design(디자인)을 의미한다. 미술치료는 이 3D와도 밀접하게 얽혀 있음을 쉽게 알 수 있다.

이러한 시점에 일본임상미술협회가 이 책을 펴낸 것은 참으로 반가운 일이며, 이 책을 우리나라 독자를 위하여 우리말로 번역하는 것은 매우 즐겁고 보람된 일이 아닐 수 없다. 이 책은 '임상미술치료란 무엇인가?' 하는 기본적인 궁금증을 풀어주는 것을 비롯해서, 알츠하이머 치매와 같은 노인성 질환에 초점을 맞춰 설명하였기 때문에 미술치료사, 일반 미술가, 의사, 대체의학 연

구가, 의료 분야 학생들에게는 물론 건강에 관심있는 일반 독자
에게도 훌륭한 참고서가 될 것으로 믿는다.

2006년 2월

김선현, 전세일

• 머리말 •

임상미술(Clinical Art)은 예술적인 창작활동을 통해 오감(五感)을 자극하여 뇌를 활성화시킴으로써 치매의 증상을 개선시키는 비약물 요법이다. 1996년 예술가, 뇌 외과의사, 간병 가족 카운슬러로 구성된 팀으로 처음 시작되었다.

이러한 치매 환자에 대한 본격적인 케어는 세계적으로도 처음 시도되는 일이다. 지금까지의 실적과 연구를 보면 치매 증상의 개선뿐만 아니라, 일반 고령자의 치매를 예방하고 어린이의 감성도 풍부하게 한다는 사실이 증명되었다. 도호쿠복지대학〔東北福祉大學〕 감성복지연구소(일본 문부과학성의 학술 프론티어 추진사업의 거점으로 선정된 연구소)의 임상미술치료사 팀에서도 연구가 계속되고 있으며, 그 연구발표는 이후 많은 주목을 받고 있다.

현재는 병원, 복지시설뿐만 아니라 자치체에서도 간호예방사업이나 간호실무자 연수에 임상미술을 도입하는 곳이 급증하고 있다. 또한, 전문적 지식과 기술을 가진 전문가로서 임상미술치료사를 육성하기 위해 여러 대학에서 강의로도 채택하고 있다.

이를 배경으로 임상미술을 통해, 고령자나 그 가족, 어린이들을 시작으로 한 건강하고 풍요로운 사회가 실현되기를 바라는 마음으로 일본임상미술협회를 설립했다. 2004년 2월에 내각부(內閣府)로부터 인증을 받아 임상미술의 보급 및 연구지원, 임상미술치료사의 인정에 관한 일을 하고 있다.

이 책은 NPO(Non Profit Organization : 비영리민간단체) 법인으로서 처음으로 기획되어 세상에 빛을 보게 되었으며, 임상미술의 개요를 정리한 입문서라고 할 수 있다. 이 책으로 인해 많은 사람들이 임상미술을 이해하고 이에 참여할 수 있기를 바란다.

일본임상미술협회 이사장
도호쿠복지대학 종합복지학부장
와타나베 노부히데[渡辺信英]

*일본임상미술협회에서는 예술치료나 미술치료라는 명칭과 별도로 '임상미
술(臨床美術 Clinical Art)'이라는 명칭을 사용하고 있고 치료 범위도 치매 위주에
한한다. 의료진과 함께 임상에서 주로 미술을 사용하여 환자의 치료를 도모한
다는 의미가 커서 '임상미술'이라는 용어로 사용하고 있다. 이 책에서는 '임상
미술'과 같은 의미로 임상미술치료, 미술치료라는 용어를 함께 사용하였다.
—옮긴이

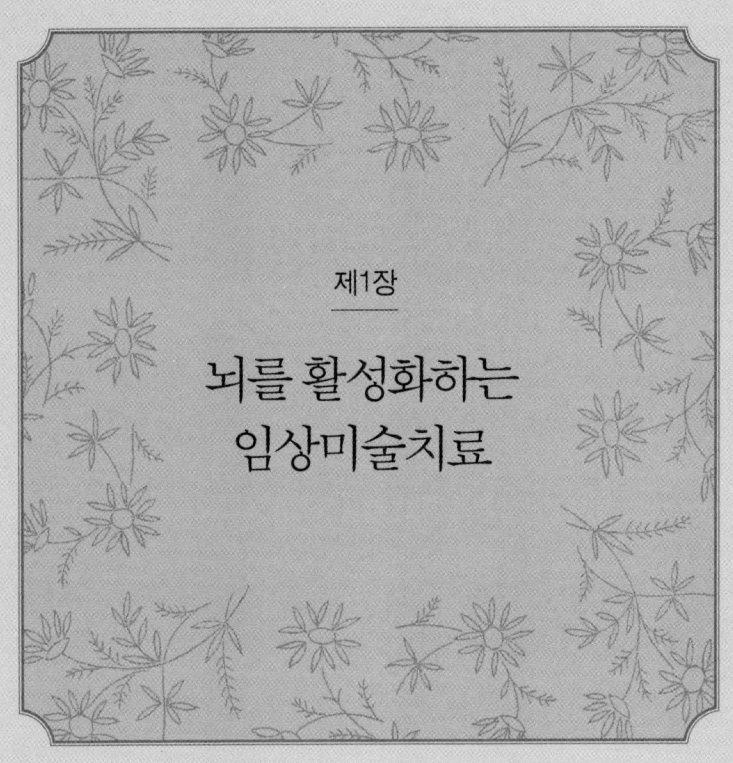

제1장

뇌를 활성화하는
임상미술치료

임상미술을 실시할 때 가장 중요한 키워드는 '우뇌 활성화'이다. 우뇌 활성화가 치매 증상을 개선하는 데 어떠한 효과가 있는지 생각해보자.

신경생물학자인 로저 W. 스페리(Roger Wolcott Sperry)의 분리뇌(뇌량이 절단되어 좌우의 뇌가 분리된 상태) 환자에 관한 연구에 따르면, 좌뇌는 주로 인간이 하는 사고의 이원적 성질 즉, 언어에 의한 분석적 사고를 담당하고, 우뇌는 주로 시각과 관련된 감각적 사고를 담당한다고 한다.

스페리의 연구에서 주목할 만한 점은 당시 '열성 뇌'라고 하는 비언어 중추의 우뇌가 사실은 훌륭한 기능을 한다는 것이다. 지금까지 영감이나 직감이라는 애매한 우뇌 언어로밖에 표현할 수 없었던 예술가의 재능이 사실은 우뇌에 의한 것이라고 한다면, 논리적이고 분석적인 좌뇌 언어로는 설명되지 않았던 이유도 충분히 이해할 수 있다.

교육 면에서도 창조 분야를 담당하는 우뇌에 관해서는 대부분 체계적인 교육이 행해지지 않았다. 특히, 일본의 학교 교육은 지금도 좌뇌 중심의 교육이 이루어지고 있다. 1945년 이후의 교육은 감성이 풍부한 창조적인 학생들을 무시해온 교육이라고도 할 수 있다.

임상미술에서는 미술가의 사물을 보는 시각을 통해 우뇌 사용법을 배우려고 시도하고 있다. 이것은 가장 알기 쉽고 누구나 체험할 수 있는 자연스러운 방법이라고 할 수 있다. 최근에는 임상미술 이외의 분야에서도 우뇌 사용법을 도입하려는 추세에 있다.

여기서 가네코[金子]의 체험담을 예로 들어보고자 한다. 미대 입시학원에서 수험생을 지도하고, 학생들에게 조각이나 도예, 그림을 가르쳤을 때의 일이다. 미대 수험생이라 해도 재능이 있는 학생들만 모이는 것은 결코 아니다. 매년 예대나 미대 합격이란 결과를 내야만 하는데, 도대체 어떻게 지도해야 좋을지 막막할 때가 너무 많았던 것이다.

이러할 때 우연히 접한 것이 미국의 베티 에드워즈(Betty Edwards)의 이론서였다. 가네코는 처음에는 별 관심 없이 읽어내려가다 우뇌나 좌뇌라는 말을 발견하면서 자신이 설명할 수 없었던 부분을 에드워즈가 명확히 설명하고 있다는 사실을 알았다. 에드워즈에 따르면 "대부분의 사람들이 좌뇌로 그림을 그리는데 이것을 우뇌를 사용하여 그리면 재능과는 상관없이 그림 그리는 실력을 빠르게 향상할 수 있다."는 것이었다.

에드워즈는 우뇌로 보고 그림을 그리는 구체적인 방법까지 설명하고 있다. '손' 그리기를 예로 들어보자. 많은 사람은 우성 뇌인 좌뇌로 '손'을 순식간에 언어화하여 자세한 손의 모양은 보지도 않은 채 '손의 상징'을 그린다. 이것이 좌뇌 모드의 특징이다.

그렇다면 우뇌로는 어떻게 그릴까? 우뇌로 그릴 때는 '손의 모양' 이 아닌 손가락과 손가락 사이의 '틈새'에 주목한다. 가만히 그 '틈새'를 주시하고 있으면 그것은 언어화할 수 없는 표현 불가능한 모양으로 보인다. 그러면 좌뇌는 그 언어화를 포기한다.

언어화할 수 없는 초조함을 계속 지켜보고 있으면, 마침내 좌뇌 모드는 우뇌 모드로 전환된다. 이것이 바로 '우뇌로 보는' 방법이다.

그런 관점에서 생각하면 일본 교육의 문제점이 보인다. 예술조형연구소에서는 창립 이래 학생들에게 그림을 가르쳐 왔지만, 유치원에서 초등학교 2학년 정도까지는 그림을 잘 그리지만 3학년 정도가 되면 그림을 못 그리는 학생이 늘어간다고 하는 연구 발표를 했다.

가네코는 이러한 원인이 좌뇌 교육에 치우친 학교 교육 탓이라 생각하고 에드워즈의 이론을 응용했다. 그러자 학생들은 놀랄 정도로 그림을 잘 그리게 되었다고 한다.

좌뇌와 우뇌의 차이

화가 앙리 마티스(Henri Matisse)는 "토마토를 먹을 때도 화가의 관점에서 토마토를 봅니까?"라는 질문에, "아닙니다. 토마토를 먹을 때는 다른 사람들과 다르지 않습니다. 다만, 토마토를 그릴 때는 사람들과 다른 관점에서 보고 있지요."라고 대답했다고 한다.

조각가 오귀스트 로댕(Auguste Rodin)은 "예술가는 자연의 친구다. 꽃은 줄기의 우아한 곡선과 꽃잎의 조화로운 색채로 예술가와 대화한다. 어떤 꽃에도 자연이 예술가에게 마음으로 들려주는 말이 있다."라며 마치, 자연이 예술가들에게만 소중한 무엇인가를 가르쳐주고 있다는 듯한 말을 남긴 적이 있다.

두 사람의 말은 자못 신비스러운 표현처럼 들리지만 우뇌적인 시각에 대해 밝혀진 지금, 그들 또한 우뇌적 관점에서 사물을 보았다는 점을 감안하면 이런 말이 쉽게 이해가 된다. 이 사물에 대한 우뇌적인 관점이 밝혀짐에 따라, 매우 알기 쉽고 명확한 설명이 가능해졌기 때문이다.

그럼, 좌뇌와 우뇌의 역할에 대해 좀 더 상세하게 살펴보자. 좌뇌는 언어 뇌라고 하여 언어 중추로 계산이나 논리적인 사고를 담당한다. 그리고 사물을 인식하는 방법은 상징적이다. 그에 비해, 우뇌는 감성 뇌라 하여 비언어 중추로 공간 인식이나 직감 사고를 담당하며, 사물을 인식하는 방법은 구체적이다.

그리고 좌뇌는 시간적이며, 우뇌는 비시간적이다. 예를 들어, "카드놀이를 밤 9시부터 하기 시작했는데, 정신을 차리고 보니 벌써 새벽이었다."거나 "놀이공원에 아침 일찍 왔는데 놀다 보니 벌써 저녁이다."라는 경험은 누구나 한 번쯤 있을 것이다. 이것은 이성이나 사실에 의한 근거가 필요하지 않는 판단, 즉 우뇌적 관점의 비시간(非時間)을 보내고 있었기 때문이다.

한편, 지루한 일을 하고 있으면 시간이 매우 길게 느껴지게 마련이다. 10분을 보내는 것조차도 고통스럽다. 그러나 머릿속을 전환해서 게임 감각으로 일하면 눈 깜짝할 사이에 2시간이 지나버렸다는 경험을 누구나 한 번쯤 해보았을 것이다.

치매에 걸려도 우뇌는 활동한다

가네코는 어느 병원을 견학하는 중에 이러한 체험을 한 적이 있다고 한다. 의사가 환자를 앞에다 두고 "이 사람은 밤낮으로 배회(徘徊)만 한다."거나 "아무 데서나 질질 싸고 다닌다."는 등의 말을 했다. 가만히 듣고 있을 수만 없어서 "그런 말을 본인 앞에서 막 해도 되는 건가요?"라고 물으니, 의사는 "괜찮아요. 어차피 금방 잊어버리거든요."라고 했다.

의사의 말대로 정말 그러할까? 이 말을 들은 환자는 아주 슬픈 표정을 지었다고 한다. 아마 좌뇌는 손상이 되었어도 우뇌는 병들지 않은 상태라 직감으로 본인의 이야기를 나쁘게 한다는 사실을 알았을 것이다.

이러한 현상이 있기 때문에 임상미술치료의 기초에는 우뇌를 자극한다는 이론을 뒷받침할 수 있는 것이다.

확실히, 치매는 좌뇌가 병든 상태이다. '그렇다면 직접 좌뇌를 자극하는 편이 훨씬 효과가 있지 않나.' 라고 생각할 수도 있다.

그러나 좌뇌를 자극하는 재활치료란 계산 문제 100개를 푼다든가, 한자 받아쓰기 100개를 한다든가 하는 것들이다. 확실히 이런 학습을 하면 좌뇌가 자극을 받는다. 그러나 이 방법은 정답이 정해져 있기 때문에 오히려 환자에게는 스트레스가 될 수도 있다.

한편, 우뇌를 자극하면 대뇌 전두엽(前頭葉)의 앞부분인 전두전야(前頭前野)가 활성화된다. 동시에 우뇌와 좌뇌를 연결하고 있는 뇌량(腦梁)이라는 신경망(神經網)을 통하여 좌뇌를 자극하는 것이 된다. 임상미술에서는 먼 길을 돌아가는 것처럼 보이는 이 방법으로 뇌 전체를 자극하려는 시도를 하고 있다.

전두전야에는 '의욕 중추'가 있다고 한다. 우뇌가 활성화되면 특별한 이유 없이 기쁘거나 즐거워지는데, 이것은 의욕 중추가 기능하고 있기 때문이다.

우뇌를 효과적으로 자극하는 방법으로는 음악이나 미술 같은 창작활동을 하는 것이 좋다. 또한 산책, 게임, 바둑, 장기, 화투 등도 우뇌를 자극하는 데 도움이 된다.

장기의 명인이 우뇌를 사용한다는 것은 널리 알려진 사실이다. 게임 같은 놀이를 하면 시간 가는 줄도 모르고 심취하게 되는데, 이것은 우뇌의 '비시간' 덕분으로 우뇌를 자극하고 있기 때문이다.

치매의 예방책으로 게임 같은 놀이도 효과가 있어 좋지만, 치매를 치료하는 데는 이기고 지는 승부 게임은 별로 바람직하지 않다.

이러한 사례가 있었다. 환자 중에 바둑 유단자가 있었는데, 치매에도 도움이 된다고 하여 계속 바둑을 즐겨 두었다. 그러나 치매 증상이 깊어지면서 갈수록 패하기만 하자, 점점 바둑을 두지 않게 되었다고 한다.

이렇듯 '즐거움'이 없으면 지속할 수 없다. 그래서 승부 게임은 치료에는 적합하지 않다. 임상미술에는 이기고 지는 게 없다. 환자는 다양한 계층과 성향을 지닌 사람들이 있을 수 있다. 대학 교수를 지낸 사람, 회사 사장, 주부, 기술자 등 살아온 생활환경도 천차만별이다.

그러나 임상미술은 그 사람들이 지금까지 살아온 생활환경에 따라 치료방법을 바꿀 수 있는 것이 가장 큰 장점이다.

'평가' 하지 않는다, 접촉한다, 듣는다, 칭찬한다

미술치료나 미술교육에서는 작품을 우열로 평가하는 것은 위험하다. 학교교육에서는 마치 당연한 것처럼 '평가'를 실시하고 있지만, 미술작품이라는 것은 원래 '마음의 절규'이다. 잘한다,

못한다는 평가는 좌뇌 세계에서 하는 일이며, 우뇌 세계인 미술에서는 그런 평가가 별로 의미가 없다.

더구나 임상미술치료에서는 그러한 우열의 가치 판단은 금물이다. 따라서 "잘 하시네요."라는 칭찬은 하지 않는다. 구체적으로 좋은 점을 발견하고 환자를 격려해주는 것이 중요하다.

실제로 미술치료를 실시할 때, 중요시되는 것이 세 가지 있다.

첫 번째는 접촉하는 것이다. 환자에게 먼저 악수를 청한다. 몸 전체로 환영을 표시하고 '당신이 주인공이다.'라고 느끼게 하는 것이 그 어느 치료보다 중요하다.

두 번째는 잘 듣는 것이다. 환자에 따라서는, 그림을 그리는 사이에 그리던 그림이 바뀌어, 처음의 모티프와는 전혀 다른 것이 되어버리는 경우도 있다. 그러나 도중에 그리는 것이 바뀌었다 하더라도 전혀 문제가 되지 않는다. 처음에는 밥그릇 만들기로 시작했는데 중간에 밥그릇에 손잡이가 생기기도 한다. 손잡이가 있는 밥그릇도 나름대로의 재미있는 오브제가 될 수 있다. 점점 바뀌어가는 것을 부정하지 말고 환자가 어떻게 하고 싶은지 묻는 것이 가장 중요한다.

세 번째는 칭찬하는 것이다. 치매 환자는 느낄 수 없는 것이 아니다. 감성, 감정, 슬픔이나 고통이 없어지는 것이 아니라 오히려 더 절실하게 느끼고 있다. 단지, 좌뇌가 손상되어 표현할 수 없는 것뿐이다.

건강한 사람과 똑같이 즐거움과 슬픔의 감정을 느끼고 공유할 수 있다는 점을 명심해야 한다. 그런 의미에서 치매 환자들은 스스로도 매우 슬프고 힘든 생활을 하고 있다.

그렇기 때문에 즐겁고 재미있게 해주어야 한다. 능동적으로 즐거움을 느낄수록 뇌가 활성화되어 상태가 아주 좋아지게 마련이다.

미술치료의 효과는, 주로 알츠하이머 진단에 사용되는 간단한 지능 테스트인 MMSE 측정(Mini-Mental State Examination)에서 75% 이상의 유효율을 나타냈다는 연구결과가 나와 있다. 그중에서 50%는 그 이상 나빠지지 않았으며, 25% 이상이 MMSE 측정에서 3점 이상 향상되었다.

기무라 신〔木村伸〕의 연구에 의하여, 죽어가고 있는 뉴런(neuron, 신경구성단위)이 미술치료에 의해 재생되고 있다는 사실도 밝혀졌다(뇌기능연구소 대표, 무샤 토시미츠〔武者利光〕 개발의 DIMENTION '대뇌피질열화측정'에 의함).

감상하는 것만이 아니라 직접 그리는 것이 중요하다

지금까지 미술이란 전문적인 예술가가 만든 것을 우리들에게 일방적으로 '보여주는' 것이 대부분이었다. 그러나 미술은 실제로 해보는 것이 중요하다. 자기가 직접 그림을 그려봄으로써 우뇌로 볼 수 있는 능력을 개발하게 된다. 그림을 있는 그대로 그리는 것은 사실 그렇게 어려운 일이 아니다. 그보다는 사물을 '보는' 쪽이 훨씬 더 어렵다. 볼 수 있기 때문에 그릴 수 있는 것이다. 즉, 보이지 않아서 그릴 수 없는 것이다. 많은 미술 지도자들은 이 사실을 알고 있음에도 불구하고 잘 가르칠 수가 없었다.

그 때문에 '모티프를 더 자세히 보고 그려라.' 라거나 '질감을 그려라.' 라는 식의 추상적인 지도밖에는 할 수 없었던 것이다.

이 말로는 아무런 도움이 되지 않는다. 좌뇌로 보고 그리는 초보자들은 "나는 잘 보고 있는데, 이 이상 도대체 뭘 어떻게 보고 그리라는 건가?" 라는 의문을 가진 채, 그저 계속 그리는 수밖에는 없었다.

즉, 초보자들은 모티프를 보고 있지 않다. 그들이 '보는' 것은 모티프를 하나의 '상징으로써 인식한다.' 는 것이다. 상징을 확인한 것으로써 '모티프를 이해했다.' 고 생각하는 것이다.

따라서 '그림만 그린다고 해서 우뇌가 활성화한다.' 는 것은 절대 아니다. 어떤 사람은 임상미술에 대해 듣고 "그래요? 그림을 그리면 되겠군요, 알았어요. 우리 병원에 그림을 잘 그리는 스태프들이 있는데 한번 시도해 봐야겠어요." 라고 말하기도 하는데, 임상미술은 그렇게 간단한 것이 아니다.

여기에서 잠깐 가네코가 어느 한 병원에서 그림을 좋아하는 간호사들이 모여 '임상미술' 을 실시하고 있는 현장을 방문했을 때의 에피소드를 소개하고자 한다.

그곳은 치매 병동이 아니라 아흔 살 이상 고령자들을 대상으로 한 노인병원이었다. 그 병원의 미술치료에서는 간호사가 직접 그림을 그려주고 있었다. 간호사가 미리 토끼나 고양이 그림을 그려주고 그 위에 주간지의 화보를 찢어 노인들에게 붙이게 하고 있었다. 그리고 가끔 "여기 비어져나오게 하시면 안 돼요." 라는 말을 했다.

가네코는 '고작 이걸 임상미술이라고 하는 건가?' 하고 놀라는 동시에 너무 실망스러웠다고 한다. '이건 아니다. 비어져나오게 붙이는 게 뭐 어떻단 말인가. 자꾸자꾸 비어져나오게 붙여서 자기만의 그림을 완성하는 거다.' 라고 외치고 싶은 마음이 간절했다고 한다.

잠시 후 간호사들에게 "왜 간호사들이 밑그림을 그려주는 거지요?"라고 묻자, 간호사는 "노인들에게는 그림을 그리는 일이 너무 어렵잖아요. 그러한 어려운 일까지 시키면 아무도 참가하려 하지 않을 테니까요."라고 대답했다.

가네코는 이렇게 응답했다.

"그렇지 않습니다. 치매 환자들도 처음부터 끝까지 모두 혼자서 만들 수 있지요. 더구나 치매에 걸리지 않은 노인들이라면 혼자서 전부 만들 수 있습니다. 그런 식으로 간호사들이 그려주지 않아도 됩니다. 인간은 그렇게 보잘것없는 존재가 아닙니다. 더 훌륭할 수도 있습니다. 그림은 좌뇌로도 그릴 수 있습니다.

이 병원에서 실시하고 있는 그림은 좌뇌적인 그림입니다. 이것으로써 작업 치료는 성립되었을지 모르지만, 우뇌 활성화에는 도움을 주지 않습니다. 미술가는 긴 훈련을 받고 익힌 것이라 우뇌로 그림을 그리고, 조각을 하고, 거기다 우뇌를 사용하여 그림을 지도할 수 있는 것입니다."

좌뇌로 그리자 — 디지털 그림(상징적 그림)

여기에서 잠시 체험의 시간을 가져보자.

크레파스와 종이를 3~4장 정도 준비하자.

먼저, 크레파스 뚜껑을 열어 그 속에서 어릴 적 가장 좋아했던 색을 한 가지만 골라보자. 미술치료에서는 다양한 이미지를 구체적으로 '결정' 할 수 있게 한다. 치매 환자들은 전두(前頭) 기능이 저하되어 있어 '결정' 하는 것이 어렵다. 그러므로 구체적인 이미지를 열거하여 결정하게 하도록 도와주어야 한다.

여기서 '어떤 색이 정답이지?' 라고 망설일 필요는 없다. '바로 이 색이다!' 라고 선택하면 된다. 다른 사람들과 달라도 상관없다. 남자가 빨간색을 골라도 좋고, 여자가 파란색을 골라도 좋다. 아무튼 어렸을 때 좋아했던 색깔로 골라보자.

다음은 지금부터 지시하는 대로 그림을 그리자. 종이 한 장에

얼핏 머릿속에 떠오르는 대로 7개의 그림을 그려보자.

처음에는 태양을 그려보자. 한 가지 색도 좋다. '태양은 빨간 색이지.'라는 생각은 되도록 하지 말자. 그냥 손에 잡힌 그 색으로도 충분하다. 파란색이든, 녹색이든 좋다.

다음은 달을 그려보자. 그 다음은 별을 그려보자. 다음은 튤립을 그리고, 이번에는 사과를 그려보자. 다음은 집을 그리자. 할 수 있는 만큼 한 장 안에 전부 그려보자. 이층집을 그린 사람도 있고, 단층집을 그린 사람도 있다.

그런 다음, 여백에 '지금의 기분'을 그려보자. 현재 느끼고 있는 기분을 그리는 것이다. 갑자기 어려워진 것 같은데 어떤가?

이제 본인이 그린 그림을 한 번 들여다보자.

'집'을 그리라고 지시하면 대부분의 사람들은 굴뚝이 달린 집을 으레 그리기 마련이다. 굴뚝이 있는 집에 살고 있는 것도 아닌데 말이다. 미술치료에서 실제로 '집'을 그리라고 하면 아파트에 살고 있는 사람도 삼각 지붕을 그린다. 조형교실에 다니는 어린이들도 처음에는 이러한 그림을 그리게 마련이다.

그리고 색칠을 하면 하늘은 파란색, 땅은 갈색 등과 같이 정해진 색으로 아무런 망설임 없이 색칠을 하곤 한다. 이런 그림은 좌뇌로 그린 그림이다. 우리가 흔히 '상징화'라고 말하는 것이다.

미술치료에서는 어떻게 해서든 이러한 상징적인 그림을 그리지 않도록 다른 관점으로 사물을 보는 법, 다르게 느끼는 법, 다르게 그리는 방법을 지도하고 있다.

사람들은 대상이 무엇이든 상징적으로 그림을 그리는 경향이 있다. 예를 들어, 사과를 보고 그림을 그리라고 하면, 거의 모든 사람들이 동그라미를 그리고 그 위에 삐죽한 선으로 막대기 하나를 그린다. 그런데 '오늘의 기분'을 그리라고 하면 몹시 어려워한다. 추상적으로 그리는 사람과 상징적으로 하트 마크를 그리거나 스마일 마크를 그리는 사람 등으로 나누어진다. 전자가 그린 그림은 직선이나 곡선을 사용하여 추상적으로 그린 것으로, 아날로그 그림이라 한다. 후자와 같은 상징적인 그림은 '좌뇌로 그린 그림'으로, 디지털 그림이라고 한다.

우뇌로 그리자 – 아날로그 그림

이번에는 아날로그 그림을 그릴 차례이다. 즉 감정을 그리는 것이다.

아날로그 그림을 그릴 때는 꼭 지켜야 할 것이 있다.

먼저, 구체적인 형태나 상징적인 것은 일체 그리지 않는다. 빠른 직선, 느린 직선, 곡선, 점, 칠하기 등으로 점·선·면의 기법만을 사용한다. 이것이 아날로그 그림을 그리는 방법이다.

그럼, 실제로 이 기법을 사용하여 그려보자.

처음에는 '노여움'을 그려보자. 12색 크레파스 중에서 '노여움'의 색을 두 가지만 골라보자. 색깔은 본인의 상상으로 고른다. 선택한 두 가지 색을 사용해서 종이 가득 노여움을 분출시켜 직선·곡선·점 등으로 그려본다.

먼저 본인이 화났을 때를 생각해본다. 눈을 감고 이미지가 떠오르면 소리가 날 정도로 종이를 두드려도 좋다. 한번 시도해보자. 조금 전의 디지털 그림보다 그림 그리는 소리가 훨씬 시끄러워질 것이다. 그러나 종이를 찢거나 구기지는 말자.

이렇게 그린 그림은, 그린 사람에 따라 각각 모두 다르게 나타난다. 반면 디지털 그림은 아날로그 그림만큼의 차이가 나지 않는다. 태양을 그리라고 하면 동그라미를 그린 다음 그 주위에 직선 몇 개를 그리고, 달을 그리라고 하면 대부분 초승달을 그릴 것이다.

그러나 분노의 그림은 사람에 따라 다르다. 이러한 '아날로그 그림'은 다행히도 잘 그렸다거나 못 그렸다는 기준이 없다.

"당신의 분노는 이런 것이군요."라는 말은 할 수 있어도, "못 그렸네요."라는 말은 할 수 없는 것이다.

그러나 조금 전에 그린 디지털 그림이라면 다르다.

"서투른 그림이군요."라거나, "잘 못 그렸네요."라는 말이 자신도 모르게 튀어나올 수도 있다. 아날로그 그림에는 이런 표현이 전혀 어울리지 않는다.

다음은 '평안'이라는 테마로 그림을 그려보자.

먼저 '기분이 평온하다.'라는 느낌이 드는 색을 고르자. 두 가지나 세 가지를 고른다. 그리고 평온, 평안, 편함의 이미지를 이번에도 아날로그 표현으로 그려보는 것이다.

완성되면 천천히 본인이 그린 그림을 들여다보자. 임상미술치료사가 된 기분으로 그 그림에 코멘트를 달아보는 것도 좋다. 조금 전에 분노의 그림에서 표현했던 강한 선과는 달리, 아주 부드럽고 완만한 선이 그려져 있는 것을 느낄 수 있을 것이다.

이것을 계기로 '아날로그적인 일기'를 써보는 것은 어떨까? 두 가지나 세 가지 색을 기분에 따라 고른 다음, 그날의 기분을 말이 아닌 직선과 곡선, 점만으로 표현해보는 것이다. 꽤나 멋있어 보이지 않을까?

관심이 가는 사람, 예를 들어 최근 만난 누군가를 그려보자. '그 사람에 대해서는 잘 모르지만 그 사람의 색을 찾아보자.'라고 생각하며 먼저 색을 고른다. 그리고 눈을 감고 그 사람의 이미지를 떠올린다.

그러고 나서 그리기 시작하면 '그 사람은 얼핏 좀 차가운 느낌이 들지만, 사실은 따뜻한 사람이구나.' 하고 신기할 정도로 그 사람의 참모습이 보인다. 대부분의 화가들이 이런 방식으로 본 것을 유화나 수채화, 파스텔로 캔버스나 종이에 그림을 그린다.

오늘부터 한 번쯤 아날로그 그림을 그려보자. 치매 예방에도 좋으며, 우뇌가 활성화되어 특별한 이유도 없이 매우 즐거워지는 것을 느낄 수 있을 것이다.

미술가가 임상미술을 하는 의의

　초기에 예술조형연구소에 소속되어 있는 임상미술치료사는 미술가가 중심이었지만, 지금은 미술과 관련된 다양한 분야에서 활동해온 사람들이 많이 있다. 그들이 미술치료를 시행하기 위해 특별한 교육과 연수를 받았다는 점이 중요하다.

　임상미술치료에서는 보통 4명이 한 팀으로 구성된 임상미술치료사가 한 달에 3번 미술 프로그램을 실시하고 있다. 임상미술치료사의 평균 연령은 서른다섯 살 전후로, 감성이 풍부하며 지금까지 미술에 종사해온 사람들로 구성되어 있다. 본인의 라이프 스타일에 맞는 시간대를 골라 활동하면서 활동하지 않는 날은 일러스트레이터로 활동하거나 미술가로서 작품 제작에 몰두하고 있다.

　임상미술치료사는 항상 환자들에게 공감하며 다가가는 것이 대원칙이다. 연령으로 보면 환자들의 손자나 손녀뻘밖에 되지 않지만, 환자 가족들이 깜짝 놀랄 정도의 정성과 사랑으로 환자들을 대한다.

　그렇게 할 수 있는 이유는 그들이 미술에 뜻을 둔 사람이기 때문이다. 미술가로서 고독한 제작을 통하여 '나는 누구인가.'에 대해 끊임없이 자문하고, 날카로운 감성으로 인생의 본질을 파악하여 문제의식을 갖고 살아가기 때문이다.

순수한 미술가로 남기 위해서는 어떠한 경제적, 환경적인 역경 속에서도 자기 자신을 직시하여 작품을 만들어야 하고, 남들과 경쟁하기 위한 작품이 아닌 자기 자신을 위한 작품 발표를 계속하지 않으면 안 된다. 여기에서 타인에 대한 배려와 타인의 세계를 소중히 생각하는 순수한 마음이 자라는 것이다.

심리학자 카를 구스타프 융(Carl Gustav Jung)에 따르면, 사람은 일반적으로 청년기에는 일, 가족, 사회관계 등에 관련된 생활을 확립하는 데 필사적이라고 한다. 인생의 후반기에 접어들어서야 비로소 젊었을 때의 이상과 가치가 얼마나 진부하고 불만족스러운 것이었는가를 깨닫고, 새로운 목적과 삶의 의미를 묻기 시작한다고 한다.

치매 증상의 환자도 예전에는 사회나 가정에서 큰 역할을 맡고 활약해온 사람들이다. 발병하고부터는 가족들도 그 '존재'를 귀찮게 여긴다. 가족들 스스로도 그러한 자기의 모습 때문에 고민하고 있다. 그에 대해 가네코는 이렇게 말한다.

"지금 일본에서는 단지 치매 환자들뿐만 아니라 많은 사람들이 인격의 성숙을 맞이하는 노년기에 지위나 명예는 있어도 자기실현을 하지 못하고 있습니다. 인생의 참뜻을 외면하며 자기 자신의 존재 가치를 탐구하지 않는 삶을 살아온 사람들은 이제는 살아갈 의욕조차 잃고 있습니다. 미술치료는 단순한 치료가 아닙니다. 바로 삶의 즐거움을 실감하고 인생의 의미를 자기 속에서 발견하는 기회로써 매우 의미 있는 일이라고 생각합니다."

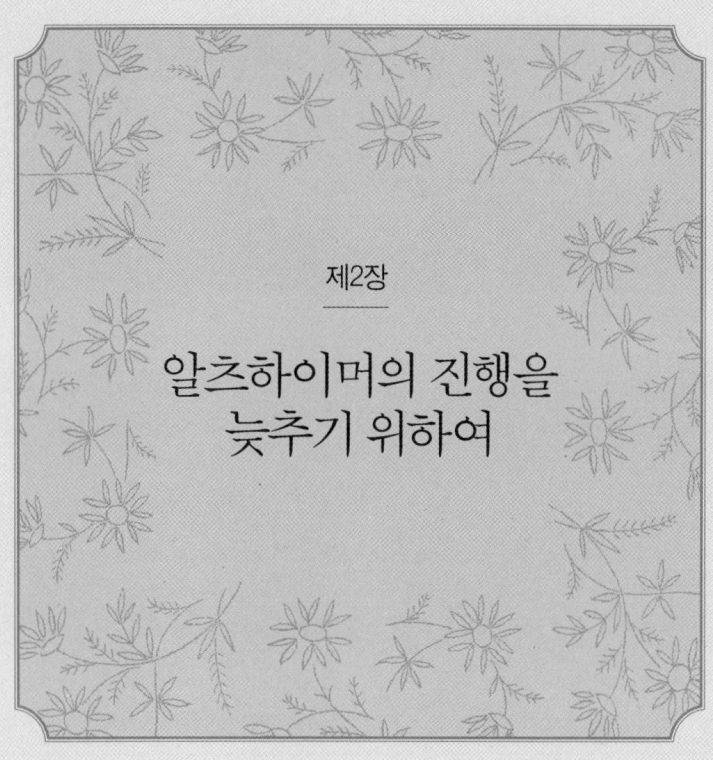

제2장

알츠하이머의 진행을
늦추기 위하여

고령화가 진행됨에 따라 특히 치매성 질환에 걸리기 쉬운 일흔다섯 살 이상의 인구가 7%를 넘어서고 있는 게 현실이다. 현재 치매성 질환자는 150만 명으로 추정되고 있다.

알츠하이머에 의한 치매 비율은 높지만 최근까지 근본적인 치료법은 없고, 아직까지 기초적인 연구 단계에 있는 실정이다. 여기서는 특히 알츠하이머에 대해 생각해보기로 한다.

1990년대부터 국립정신 신경센터 무사시병원〔武藏病院〕에서는 가벼운 치매 증상의 외래환자 상담이 증가했다. 이러한 현상은 치매에 대한 관심이 높아짐과 동시에, 1980년대부터 급격히 늘어난 독신 고령자와 고령자 부부와도 관련된 것으로 생각된다. 즉, 환자가 가스 잠그기를 깜박한다거나 돈 관리를 제대로 못 하는 증상을 자주 보이면 이를 걱정하던 환자 가족이나 주위 사람들이 보건소 등에 상담하거나 병원을 소개하는 것이다. 이렇게 해서 치매 환자들이 사회의 표면에 등장하게 된 것이다.

1994년 우노 마사키〔宇野正威〕는 당시 무사시병원 부원장으로 있으면서 '건망증 외래'를 개설했다. 치료법은 아직 확립되어 있지 않았지만, 심한 기억장애로 고민하며 이대로 중증 치매가 되는 것이 아닌가 하고 불안해하는 환자와 그 가족들을 직접 접하면서 해결책을 찾기 위해서였다.

알츠하이머 진단

그 후, 2000년 말까지 국립정신 신경센터의 건망증 외래에서 진료를 받은 환자 수는 약 1,400여 명에 이른다. 알츠하이머는 그중 60%를 차지한다. 여기에서 3분의 1은 주요 증상이 건망증 인 알츠하이머의 예비군이었다. 건망증이 있어도 기억장애가 아닌 건강한 사람, 그리고 양성의 건망증 및 조울증을 합하면 약 20%, 나머지가 전두측두형(前頭側頭型) 치매의 뇌질환이었다.

알츠하이머의 진행과정은 건망기, 혼란기, 치매기의 3단계로 나누어진다. 건망기 진단에서는 건강한 고령자가 종종 호소하는 양성의 건망증이나 고령에 관련된 기억장애를 감별하는 것이 중요하다. 그러기 위해서는 기억을 중심으로 실시하는 신경심리학적 검사를 이용해서 알츠하이머 특유의 기억장애인지 아닌지를 조사해야 한다.

그 다음에 MRI(Magnetic Resonance Image : 핵자기 공명 영상법)에 의한 해마(海馬) 영역의 위축을 조사한다. 해마 영역의 위축은 초기 단계에서도 확실히 나타난다고 한다. 그 다음은 SPECT(Single Photon Emission Computed Tomography : 단광자 방출 단층 촬영)로 국소(局所) 뇌혈류량(腦血流量)의 저하가 뇌의 어느 부분에 있는지를 명확히 밝혀내야 한다. 검사법에 따라 다음과 같은 내용이 있다.

● 신경심리학적 검사

건망증은 다양한 기억장애를 포함한다. 기억하고 있는 정보가 의식에 떠오르지 않는 상기(想起)장애는 많은 사람들이 '깜박증'으로 경험하는 것이다. 한편, 새로운 정보를 기억하는 것이 어려워지는 경우가 있다. 이것은 해마 영역을 포함한 전두엽 안쪽이 손상되었을 때 나타나기 쉬운 증상이다.

알츠하이머에서는 초기부터 새로운 정보를 기억하지 못하는 장애가 나타난다. 환자는 중요한 정보를 금방 잊어버리거나 아예 처음부터 기억하지 못하는 특징이 있다.

그에 비해, 주로 사람의 이름을 '깜박하는' 것 때문에 걱정하는 사람들이 있다. 그러나 새로운 정보를 기억할 수 있다면 걱정할 필요는 없다. 양자를 감별하는 방법에는 기억검사가 있다.

기억은 일회적(一回的) 체험의 기억인 추억(에피소드)과 반복하여 학습하는 지식(의미기억)으로 나눌 수 있다. 알츠하이머는 특히 에피소드 기억에 장애가 나타나는 것이 특징이다.

먼저 논리기억(물리재생)과 단어쓰기 검사를 중심으로 기억검사를 한다. 환자에게 15개의 어구로 구성된 짧은 이야기를 들려준 후 그것이 무슨 이야기였는지 물어본 다음, 30분 후에 다시 한 번 묻는다. 환자는 이야기를 들은 직후에는 비교적 그 내용을 잘 기억하고 있다. 그러나 30분 후에 물어보면 내용도 기억하지 못할 뿐더러 검사를 받은 사실조차 기억하지 못하는 환자도 있다.

10개 단어쓰기 검사에서는, 예를 들어 국화 그림을 그린 후 그 이름을 적은 카드를 본인에게 보여주고 기억하게 한다. 이처럼 차례로 카드 10장을 보여주고 마지막에 몇 개의 단어를 기억하고 있는지를 검사한다. 환자는 5번 반복학습을 해도 반 정도밖에 기억하지 못한다.

이것은 곧 학습능력이 떨어지고 있다는 의미이다. 그리고 30분 후에 다시 물으면 거의 기억하지 못한다. 역시 지연재생(遲延再生)의 장애가 있다. 기억기능의 저하를 걱정하는 사람들 중에서 '깜박하는' 증상이 있는 사람에게는 지연재생 장애가 나타나지 않는다.

● 뇌촬영 검사

고령자의 뇌 구조를 조사하면 다소 뇌의 위축이 진행되어 있음을 알 수 있다. 알츠하이머의 대뇌 수축 방법은 다양하지만 많은 증상, 즉 증례에 공통되는 소견은 초기부터 전두엽 안쪽의 해마와 해마방회(海馬傍回)에 현저한 위축이 보인다는 것이다. 이 부위는 기억기능에서 가장 중요한 곳으로 알려져 있다.

따라서 MRI 검사에서 중요한 것은 전체적인 뇌의 수축이 있는지 없는지가 아니라, 해마와 해마방회의 위축을 확인하는 것이다. 극히 초기에 해마와 해마방회의 위축이 확실하지 않으면 SPECT로 뇌혈류량을 조사한다. 측두엽(側頭葉)의 내측부(內側部)와 대상회(帶狀回) 후부(後部)라고 하는 부위에서 혈류의 저하를 볼 수 있다.

아직 개발 중에 있는 약물요법

알츠하이머는 초기에 발견한다 해도 그 즉시 병의 진행을 억제할 수 있는 약이 현재로서는 거의 없다. 기초적인 연구는 진전이 있지만 그 연구의 성과가 치료약으로써 의료 현장에 모습을 나타내기까지는 아직 몇 년이 더 걸릴지 모르는 일이다.

알츠하이머에 대하여 현재 일본에서 인가된 약은 일본에서 개발된 아리셉트(Aricept)뿐으로, 아세틸콜린(Acetylcholine) 보충요법으로 개발된 약이다. 아세틸콜린이란 뇌 속에서 한 개의 뉴런이 또 다른 뉴런으로 신호를 전달할 때, 두 개의 뉴런 경계인 시냅스(Synapse)에 방출되는 신경전달물질이다.

1970년대에 알츠하이머로 사망한 환자의 뇌에서 아세틸콜린을 합성하는 효소가 매우 부족하다는 것이 밝혀졌는데, 이 점을 토대로 알츠하이머에 의한 지능 저하가 아세틸콜린의 활성이 저하된 탓이라는 가설이 생겼다.

신경전달물질은 역할 수행이 끝나면 곧 아세틸콜린에스테라아제(Acetylcholinesterase)라는 효소에 의해 분해된다. 그러므로 이 효소의 활동을 약화시킴으로써 아세틸콜린의 활성을 지속시킬 수 있다.

아리셉트는 이런 구상에서 개발된 약이다. 이 약은 치매 증상을 어느 정도는 개선할 수 있다. 그러나 기억기능을 개선할 정도의 효과는 없다. 해마 영역이 초기 단계에서 파괴되어 버리면 회복은 곤란하다. 주요 효과는 오히려 의욕에 관한 것이다. 가족 간의 대화가 늘었다, 팽개쳐 두었던 가사일에 관심을 가지게 되었다, 양로원 활동에 참가가 늘었다는 등의 효과가 가족들로부터 보고되어 있다.

대체로 적극성과 자발성에 효과가 있어 전체적으로는 약을 투여하기 1년 전의 상태로 되돌릴 수 있다고 한다. 그러나 이 약은 병 자체의 진행을 멈출 수는 없기 때문에 1년 후에는 투약을 시작했을 때의 상태로 돌아가고, 그 상태에서 다시 증상이 악화된다.

지금까지 대부분의 약물은 병의 진행을 막는다거나 적어도 병의 진행을 조금 느리게 하는 약으로써 검토되어 왔지만, 탁월한 효과가 증명된 약은 없다. 그나마 알츠하이머의 진행을 조금은 느리게 한다고 보고된 것이 비타민 E와 파킨슨병의 치료약인 세레길린(Selegiline)이다.

치매 중기 정도에서 중증(重症)의 치매에 이르러 생활기능을 전부 잃어버리기까지의 경과를 플라시보(Placebo, 僞藥 : 유효 성분이 없는 심리효과용 약물) 그룹과 비교한 결과, 두 약을 복용한 그룹은 치매 진행이 훨씬 늦어졌다고 한다.

그러나 알츠하이머의 치료는 이것으로 끝나는 것은 아니다. 병의 진행을 조금이라도 늦추기 위해 필요한 생활태도는 무엇이며, 생활의 질을 높이기 위해서는 어떻게 해야 하는가 등을 생각하면서 환자의 생활을 지도하고, 재활치료 활동에 참가하도록 해야 한다.

알츠하이머의 증상과 진행

알츠하이머는 어느새인가 모르게 발병하여 조금씩 증상이 심해지며, 결국 치매 상태에 이르게 한다. 그 경과는 다음 세 단계로 나눌 수 있다.

① 초기(건망기)

초기의 특징은 새로운 사실을 기억할 수 없다는 것이다. 일반적인 지능은 현재까지는 남아 있는 상태이다. 예를 들어, 딸이 친정어머니에게 주말에 가겠다는 전화를 한다. 그때는 어머니도 확실히 전화를 받지만, 주말에 딸이 약속한 대로 친정을 방문하면 "웬일이니? 오늘 온다고 했어?"라고 묻는다. 이 물음에 딸은 깜짝 놀라게 된다. 딸과의 전화를 끊는 순간, 전화가 걸려왔던 것조차도 잊어버린 것이다.

나이가 들면 잘 잊어버린다는 말을 한다. 그러나 대부분 알고 있는 것이 우연히 그때 잠시 생각나지 않는 것뿐이다. 그 사람의 다른 정보는 생각이 나는데 이름만은 생각나지 않는, 이른바 '깜박증'이다. 이런 경우 그 정보는 뇌에 저장되어 있기 때문에 다른 사람이 그 이름을 말하면 '아아, 그렇지!'라며 생각이 나게 된다. 이러한 깜박증은 알츠하이머로 진행되지 않는다.

뇌의 병이 되는 건망증은 새로운 지식을 기억하지 못한다. 이야기를 들은 직후에는 기억하고 있어도 다른 것에 주의를 빼앗김과 동시에 그 이야기 자체를 잊어버리게 된다. 한편, 발병 초기에는 강렬한 체험, 특히 전쟁과 같은 일은 잘 기억하고 있다. 병이 진행되어 오래된 기억에조차 이상이 생길 무렵에는 단순히 깜박하는 것이 아니라 정보 자체가 소실되어 간다. 건망기는 몇 년간 지속되지만 그 사이에 전체적인 지적 기능이 조금씩 저하되면서 일상생활에 여러 가지 문제가 발생하기 시작한다. 이런 단계를 거쳐 중기로 이행하게 된다.

② 중기(혼란기)

중기는 혼란기라고도 한다. 기억기능이 극도로 저하하여 이해력이나 판단력이 떨어지는 시기이다. 그래서 가족과 의사소통이 제대로 이루어지지 않고 감정적인 충돌이 발생하게 된다. 건망기에서 혼란기로 진행되는 것을 조금이라도 늦추기 위해서는 생활지도가 매우 중요하다. 중기에 일상생활에 나타날 수 있는 변화를 살펴보도록 하자.

- 장소를 파악할 수 없다

생활기능이 눈에 띄게 저하되는 첫 번째 징조는, 장소를 파악하지 못하는 것이다. 초기에는 날짜를 잘 모르게 되고, 시간이 지나면 장소를 제대로 파악하지 못하게 된다.

예를 들어, 친목회에서 버스를 타고 여행을 간다고 하자. 알츠하이머 환자는 처음 가는 장소에서 길을 매우 잘 잃어버린다. 또한 교통수단을 이용하여 찾아갈 수 있는 곳의 범위가 좁아진다. 매일 전철로 장거리를 출퇴근하던 사람이 본인의 직장에 찾아가지 못한다. 중간에 갈아타기를 잘 못하는 등의 실수로 점점 자신감을 잃게 된다. 증상이 더 심해지면 자기집 근처에서도 길을 잃어버리게 된다.

● 지적 행위(복잡한 작업)를 하지 못하게 된다

지능에는 언어를 통해 정보를 교환하거나 사고하는 언어성(言語性) 지능과 지적 행위로 자기실현을 하는 동작성(動作性) 지능이 있다. 그중에서 지적 행위를 점점 하지 못하게 된다.

지적 행위란 구체적으로는 도구를 사용한 일련의 행위를 말한다. 여자의 경우, 좋은 예가 가사일이다. 초기 증상의 후반기에는 가사일을 대충대충하는 일이 많아진다. 식단을 짜는 일은 매우 높은 수준의 판단을 필요로 하는 것이기 때문에 식단을 짤 수 없게 된다.

다음은 식단에 맞춘 재료를 살 수 없게 된다. 더 심해지면 재료를 사다 주어도 식사준비를 못 하게 된다. 왜냐하면 순서를 모르기 때문이다. 그 전에는 수없이 만들었을 아주 간단한 요리 조차도 할 수 없게 된다. 순서를 모르기 때문에 어쩔 수 없는 일이다.

도구를 사용하는 요리에서 일련의 행위는 매우 지적인 행위이다. 여기서 더 심해지면 나중에는 아무것도 할 수 없게 된다. 하지 못하게 된다는 것은 단순히 의욕이 없어지는 것이 아니라, 할 수 없게 되는 것을 의미한다.

● 대화를 나누는 횟수가 적어진다

가족들은 종종 환자의 말수가 적어졌다고 호소하곤 한다. 그러나 진료시, 환자와 일대일로 이야기를 해보면 생각보다 말이 통한다. 그러면 왜 보통 때는 말수가 적어지는 것일까?

일반적으로 몇 명이 모여서 이야기를 할 때는 다른 사람의 말에 맞장구를 치거나 자기 의견을 보충하거나 하면서 대화가 전개된다. 전체적으로 무엇을 이야기하고 있는지 문맥을 통해 이해하면서 자기 의견도 말할 수 있다.

그러나 환자는 기억력이 약해지면서 앞에 누가 무슨 말을 했는지 알 수 없게 된다. 여러 사람의 말을 이해하지 못하면 자기 의견도 말할 수 없을 뿐더러, 두 가지 이상의 이야기를 동시에 기억하는 것은 더욱 어려워진다. 이처럼 전체적인 이야기가 어떻게 전개되는지 문맥에서 이해할 수 없으므로, 그로 인해 점점 대화에 참여할 수 없게 된다. 이러한 상태가 계속되는 사이에 뇌

속의 언어기능에 관계하는 부위에도 조금씩 장애가 생기게 된다. 그리하여 이해력이 더욱 떨어지고 점점 일대일로도 상대의 이야기를 이해할 수 없게 되어 자기의 의사를 적극적으로 표현할 수 없게 된다.

③ 말기(치매기)

이 단계에서는 도구를 사용하는 행위는 할 수 없게 된다. 어떤 행위를 할 때 두 번째 단계로 나아가는 것이 불가능해지며, 첫 번째 단계의 행위인 도구를 조작하는 것조차도 어려워진다.

예를 들면, 화장실 변기의 물을 내리지 못한다. 이러한 행위는 핸들을 조작하는 것과 물이 나오는 것의 관계를 이해할 수 없기 때문이다. 옷을 입는 일도 어려워지는데, 이것은 좌우의 개념을 파악할 수 없게 되어 옷을 손으로 요령 있게 움직여 팔을 넣을 수가 없기 때문이다.

언어의 이해력도 극도로 나빠져서 배우자와도 단어 몇 개와 제스처로 겨우 의사를 전달하게 된다. 이제는 언어로써 자기 의사를 표시하는 것조차도 불가능해진다. 따라서 단어 몇 가지와 환자의 표정으로 무엇을 원하고 있는지 추측하지 않으면 안 된다. 일상생활에서는 혼자서는 식사도, 배설도 할 수 없게 되어 전면적인 간병이 필요한 단계에 이르게 된다.

생활지도로 진행을 늦춘다

지금까지 알츠하이머의 초기에서 중기에 걸쳐 나타나는 공통된 변화 패턴을 살펴보았다. 이 변화를 될 수 있는 한 억제하는 것이 생활지도의 목표이다.

첫째, 되도록이면 외출을 권한다. 아직은 지남력(指南力)이 유지되고 있을 때는 혼자서 외출하고, 증상이 심해져 길을 잃어버릴 염려가 있을 때는 누군가와 함께 외출하는 것이 좋다. 길을 잃어버린다고 해서 외출을 시키지 않는 것은 오히려 역효과를 가져오게 된다.

날씨가 좋다면 대중교통을 이용하여 좀 멀리 있는 공원까지 외출하여 즐거운 시간을 보내면서, 좀 더 넓은 범위의 지도를 머릿속에 입력할 수 있도록 하는 것도 진행을 늦추는 데 도움이 된다. 걷는 것 자체가 재활재료의 하나이며, 간병인과의 대화도 중요하다.

초기의 건망기라면 혼자서 산책하는 것도 좋다. 가족이나 간병인에게 기대지 않고, 자기 눈으로 보고 판단하며 산책을 즐기는 것도 좋다. 그러나 증상이 조금 진행된 단계에서는 혼자서 하는 산책이나 외출은 위험하다.

예를 들면, 치매환자들은 지하철 등에서 티켓팅을 할 때 자주 어려움을 겪는다. 일반적으로 역에 있는 전철 노선도에는 금액

이 같게 표기되어 있지만, 정상인들도 보기 어려울 때가 많다. 환자의 경우는 더욱 힘들다. 특히 이 노선도를 보고 목적지 역까지 얼마를 내야 하는지 알 수가 없다. 환자는 주시기능(注視機能)이 떨어진 상태이기 때문에 목적지 역이 좀처럼 눈에 띄지 않는다. 또한, 어느 단계에서는 전철에 타고 있는 동안 어디를 가고 있는지 잊어버려 스스로 불안해지며, 실제로 길을 잃어버리는 일도 발생한다.

둘째, 지적 행위를 되도록 많이 권한다. 도구를 사용하는 복잡한 작업을 하는 것이 좋은데, 일상생활에서 활용할 수 있는 것으로는 요리가 있다. 따로 하고 싶은 것이 있다면 그것을 하게 해도 된다. 지금까지 요리를 해오던 사람에게는 가능한 계속하도록 권하는 것이 좋으나, 요리를 전혀 하지 않았던 사람에게 다시 시작하라고 권유하는 것은 매우 위험한 일이다.

한편, 일만을 사는 보람으로 여기며 특별한 취미 없이 살아온 사람은 어떻게 지도해야 할지 막막할 때가 있다. 그러나 이러한 환자도 임상미술에는 참가할 수 있으며, 학습효과도 충분히 볼 수 있다는 점에서 권할 수 있는 재활치료 활동이다.

셋째, 되도록이면 대화를 나누는 기회를 많이 만든다. 최근에는 핵가족화로 가족 수도 많지 않으므로, 외출해서 타인과 대화의 장을 가질 것을 권한다. 건망증이 시작되면 사회적인 장소에서 실수를 하는 일이 잦아져 외출을 꺼리게 된다. 초기 단계에서는 지금까지의 교유관계를 계속 유지하는 것이 좋다.

환자 중에는 교유관계가 거의 없는 사람들도 있다. 그런 환자들도 바둑이나 장기에 취미가 있어 어느 정도의 실력이 되면 지역의 복지 센터 등에서 친구를 사귈 수가 있다. 노후생활을 풍요롭게 하기 위해 취미를 가지는 것 또한 중요한 일이다.

또한, 초기 단계에서도 적극적인 활동을 하지 않는 사람은, 간호보험에 의한 일일 서비스(Day Service)나 일일 케어(Day Care)에 참가할 것을 권한다. 최근에는 수준 높은 프로그램을 갖춘 곳도 점점 늘어나 초기 환자에게도 권하기 쉽다.

생활지도가 잘 되어 환자의 생활이 활발해지는 경우도 있지만, 배우자가 아무리 노력해도 아무것도 하지 않고 아무 이야기도 하지 않으며 집에 있기만을 고집하는 환자도 많이 볼 수 있다. 그래서 국립정신 신경센터의 건망증 외래에서는 활동의 일환으로 초기의 증상을 보이는 환자라도 흥미를 느낄 수 있는 일일 케어를 생각해냈다. 그러한 과정에서 등장한 것이 예술조형연구소가 실시하고 있는 임상미술이다.

치매에 적용할 수 있는 미술치료

국립정신 신경센터에서 실천연구가 시작된 2000년, 예술조형연구소에서는 우리가 실시하고 있는 방법을 미술치료 또는 조형미술요법이라 불렀다. 회화뿐만 아니라 조각, 염색, 도예 등 미술의 전 영역을 구사한 재활치료이기 때문이다. 그러나 현 단계에서는 아직 치료요법이라고 할 수 있는 증명할 만한 연구 자료가 없어서 임상미술이라는 용어를 사용하고 있다. 이 임상미술은 기존의 미술요법과 달리 치매 질환에도 적용할 수 있다.

그 첫 번째 이유는, 확실한 목표를 가진 일련의 행위로 성립되고 있기 때문이다. 가벼운 증상을 가진 사람들에게도 필요한 지적 행위 학습이 들어 있다. 게다가 다양한 도구를 사용하여 주어진 테마를 완성하려면 약 한 시간 반이 소요된다. 이로써 주의력과 집중력을 기를 수 있다.

두 번째 이유는 환자에게 동기를 부여하는 방법이 뛰어나기 때문이다. 완성된 작품이 대상과 닮았는지 안 닮았는지, 모양이 좋은지 나쁜지는 문제 삼지 않는다. 그 사람의 감성을 이끌어낼 수 있도록 지도하는 것이 중요하다.

미술치료에 참가하고 있는 환자들은 원래 미술에 별로 흥미가 없는 사람들이 대부분이다. 초등학교나 중학교 미술시간에 재미없는 추억을 가진 사람들도 많으리라 생각한다. 그러나 미술치료에서는 잘 그리고 못 그리고를 떠나 모두가 매력적인 작품이 될 수 있다. 이는 전문 미술가가 다양한 방법을 구사하여 계획한 커리큘럼과 효과적인 지도 덕분이다. 증상이 심해져 형태를 그리지는 못하게 되더라도, 색채 감각이 뛰어나 감동을 주는 그림을 그리는 사람도 있다. 그러면 의외로 좋은 작품이 완성되어 만족감을 느낄 수 있다. 그것이 동기부여가 되어 다음, 그 다음 작품으로 이어진다.

작업 중에 즐거운 분위기를 만드는 것도 중요한 포인트이다. 분위기가 좋으면 자연스러운 대화가 이루어지기 때문이다.

임상미술 실시방법

여기서는 우노 마사키가 원장으로 있는 도쿄 요시오카 재활 클리닉에 관한 활동을 소개하면서 구체적인 실시법과 그 치료효과에 대하여 생각해보기로 한다. 이 클리닉에서는 알츠하이머의 비교적 초기부터 중기인 환자를 진료하고 있다. 임상미술에 참가하고 있는 환자는 약 30명 정도이다.

각 그룹은 환자 10명과 그 가족 10명을 합하여 전부 20명으로 구성되며, 월요일 오전과 오후, 목요일 오전의 세 그룹이 있다. 발병한 이후의 경과시간이 4년에서 10년이므로 많은 사람이 초기에서 중기 단계의 환자이다.

커리큘럼의 작성에서 실제 지도까지 임상미술치료사가 담당한다. 커리큘럼은 회화, 공작, 염색, 도예 등 넓은 범위의 예술조형방법을 구사하며 한 달에 3번 실시하고 있다.

치료 프로그램은 가벼운 체조를 시작으로 하여 계절에 맞는 노래를 부르며 화기애애한 분위기를 조성해 나간다. 다음은 크로키 연습 등으로 미술과 탁트인 기분으로 마주한 다음, 그날의 본격적인 테마로 들어간다.

한 과정의 커리큘럼은 약 두 시간 반 동안 진행된다. 작업 중에도 끊임없이 환자에게 말을 걸며, 특히 작품이 완성된 후의 감상회에서는 참가자도 발언할 수 있는 분위기를 만든다.

알츠하이머는 기억에서 시작하여 행위, 인지(認知), 언어 등 고차원의 뇌기능 전체에 장애를 가져올 뿐 아니라, 감정기능에도 영향을 주어 문제행동을 일으키게 된다. 따라서 미술치료의 효과를 조사할 때에는 좁은 의미의 지능만이 아닌 정신생활 전체에 어떠한 영향을 주는가에 대해 조사할 필요가 있다.

여기서 지적 기능의 평가를 위해서는 MMSE(Mini-Mental State Examination)와 HDS-R(하세가와식 개정, 간이지능 평가척도) 및 웩슬러(Wechsler) 성인지능검사법(WAIS-R : Wechsler Adult Intelligence Scale-Revised)을, 정신생활 전체에 대해서는 고트프리스(Gottfries) 등이 개발한 GBS(Gottfries-Brane-Steen) 치매 증상 평가척도를 사용하여 평가했다. 임상미술 요법 개시 전, 6개월 후, 1년 후 이렇게 세 단계로 재평가하여 지능에 어떠한 영향을 줄 수 있는지, 치매 증상 중 어떠한 증상을 변화시킬 수 있는지 검토했다.

알츠하이머는 진행성 병으로 아직까지 그 진행을 멈추게 할 치료약은 개발되지 않은 상태이다. 효과를 알아보려면 원칙적으로는 같은 정도의 레벨 저하를 나타내고 임상미술을 실시하지 않은 그룹과 비교할 필요가 있다. 그러나 병의 진행상태는 환자에 따라 제각기 다르며, 같은 환자라도 초기 진행은 느리지만 중기에 들어가면 진행속도가 빨라지는 경향이 있어서 대조 그룹과의 비교는 어렵다. 그래서 임상미술에 참가한 환자들이 6개월 동안 보여준 변화에 주목하기로 했다.

WAIS-R에는 언어성 지능으로 기본 지식, 숫자 외우기, 어휘 문제, 산수 문제, 이해 문제, 공통성 문제 등 6개 하위항목이 있다. 동작성 지능에는 빠진 곳 찾기, 차례 맞추기, 토막 짜기, 모양 맞추기, 바꿔 쓰기의 5개 하위항목이 있다.

WAIS-R로 나타나는 지능은 그 사람의 원래 지능과 발병 전에 어느 정도의 지식을 가지고 있었느냐에 따라 크게 다르다. 따라서 일상생활에서는 이해력과 판단력이 저하되고 있어도 MMSE나 HDS-R에서는 치매질환 중기에 속해 있는 환자도, 발병 전의 지능 레벨이 높았던 사람이라면 IQ가 100 전후의 판정결과가 나오는 사람도 많다. 일반적으로 언어성 지능과는 달리 동작성 지능은 정보처리의 민첩함을 테스트하기 때문에 치매성 질환에서는 이 부분에 먼저 장애가 나타나기 쉽다.

　이제 우노 마사키가 조사한 결과 중에서, 미술치료를 시작하기 전과 6개월 후의 동작성 지능에 대하여 알아보자. 추가로 덧붙이자면, 비교적 변화가 나타난 하위항목은 빠진 곳 찾기, 차례 맞추기, 짜 맞추기였다.

　'빠진 곳 찾기'는 카드에 그려진 그림 중에서 빠져 있는 부분을 지적하는 테스트이다. '차례 맞추기'는 그림이 그려진 카드 3장에서 6장을 줄거리대로 바르게 나열하는 테스트이다. '모양 맞추기'는 5개 내지 7개로 구성된 조각을 맞추어 하나로 만드는 것이다.

[사례 환자 1]

　증세를 보이기 시작한 지 8년이 지났지만, 천천히 진행되고 있어 아직 초기 상태를 유지하고 있다. 최근 기억장애와 시간 지남력 장애는 현저하지만, 이해력과 판단력은 거의 유지되고 있다. 주위 사람의 도움을 받으면서 혼자서 생활하고 있으며 병원에도 혼자 통원하고 있다. IQ는 미술치료 실시 전이 99, 실시 후가 105였다. 동작성 지능 중에서 하위항목 평가점은 '빠진 곳 찾기'가 조금 상승했다. 6개월 사이에 최근 기억장애가 심해졌다.

[사례 환자 2]

증세를 보이기 시작한 지 6년이 되었지만, 2년 전부터 이해력도 저하되기 시작해서 치매 중기에 접어들었다고 생각된다. 그 후의 진행속도가 빠르고 현재 중기의 중간 정도에 있다. 극히 일상적인 대화에는 문제가 없지만, 복잡한 이야기를 이해하는 능력은 부족하다. IQ는 실시 전이 99, 실시 후가 92였다. 언어성 지능과 동작성 지능이 모두 전체적으로 저하되어 개선된 항목은 없다. 동작성 지능 중에서 특히, '차례 맞추기'와 '모양 맞추기'에서 평가점이 저하되었다. 감정 면에서는 약간의 개선이 있다. 표정이 부드러워지고 미술치료 실습도 즐거워한다.

[사례 환자 3]

증세를 보이기 시작한 지 8년이 지났지만, 진행이 느려서 현재는 중기의 초반이다. 최근 기억장애와 장소 지남력 장애가 현저히 나타나고 있다. 재료를 갖추어줄 경우 간단한 요리 정도를 할 수 있는 상태이다. 전체적인 지능은 상당히 유지되고 있으며, 일상적인 대화를 이해하는 데는 문제가 없다. 지난 1년간 거의 같은 수준을 유지하고 있다. IQ는 실시 전이 101, 실시 후는 98이다. 동작성 지능 중에서 '빠진 곳 찾기'와 '모양 맞추기'가 향상되었음을 볼 수 있다. 그러나 산수능력이 저하한 탓으로 언어성 IQ가 저하함에 따라 전체적인 IQ도 저하했다. GBS 스케일에서는 동기부여 항목이 조금 개선되었고, 가사일에 대한 의욕도 조금 높아졌다.

환자의 지능 변화를 전체적으로 살펴보면, 언어성 지능 저하 항목 중에서 1년 동안 어휘와 산수 분야가 약간 저하했음을 볼 수 있다. 산수가 저하한 것은 이 기간 동안에도 기억기능이 저하된 것과 관계가 있다.

한편, 동작성 지능은 사람에 따라 차이는 있지만, 다소 개선되고 있다. 특히, 발병한 뒤에 증상이 천천히 진행된 환자들은 '빠진 곳 찾기'와 '모양 맞추기'의 하위항목이 개선되었다.

위에서 살펴본 세 가지의 사례에서 알 수 있듯이, 사람에 따라서는 효과가 다르지만 어느 정도 일반적인 경향을 찾을 수 있다. 즉, 초기 또는 초기에서 중기로 접어드는 단계에서 치매 증상의 진행 속도가 완만하면 동작성 지능의 일부가 개선되는 것이다.

한편, 이미 중기에 들어가 치매 증상이 빠르게 진행된 환자에게는 동작성 지능의 개선이 나타나지 않았으며 미술치료에 참가하면서도 지능 저하가 진행된다.

이렇게 보면 미술치료는 되도록이면 알츠하이머 초기에, 아직 진행이 완만한 단계에서 실시했을 때 효과가 가장 뛰어나다고 볼 수 있다.

감정과 사회성에 미치는 영향

환자의 정신활동 저하를 전체적으로 살펴보면, 좁은 의미의 지능만이 아닌 감정적인 면의 장애도 심해진다. 이러한 정신기능 전체를 평가할 때는 '치매증상 평가척도'라고 불리는 조사표를 많이 사용한다.

이 평가척도는 A 운동적 기능 6항목, B 지적인 기능 11항목, C 감정적 기능 3항목, D 치매에 공통적인 기타 증상 6항목으로 구성되어 있다. 운동적 기능은 의복착탈장애, 섭취행동장애, 신체활동장애 등을 조사하는 항목으로 이 진단에서는 환자 대부분이 별 문제가 없다.

지적인 기능은 시간 지남력 장애, 장소 지남력 장애, 최근 기억장애, 옛날 기억장애, 집중력 장애 등으로 구성되며, 미술치료에 참가한 환자들도 기억력과 지남력의 장애가 이 기간 중에 다소 진행되고 있다.

어느 정도 개선을 보인 것이 감정적 기능의 항목이다. 이 항목은 감정둔마(感情鈍痲: 감정장애), 감정 불안정, 동기부여 저감의 3개 항목으로 구성된다. 참가한 환자 가족의 3분의 1 정도가 그 변화에 대해 다음과 같이 이야기했다.

예를 들면 '항상 멍하니 있었는데 즐겁거나 기쁘다는 감정을 이전보다 많이 표현한다.' '사소한 일에도 금방 화를 냈는데 요즘에는 화를 잘 내지 않는다.' '예전에는 그림에 흥미가 없었는데, 지금은 직접 색연필을 사서 산책길에 스케치를 하게 되었다.' 등이다.

미술치료 요법은 1년의 과정을 모두 마친 후에도 가족의 요망에 따라 다음 연도까지 계속 실시되었다. 현저한 개선이 보인 것도 아닌데 가족들이 강하게 요망했던 이유에는 다른 요인도 있었다.

그것은 환자 10명과 그 가족 10명, 모두 20여 명이 매월 3번씩 모여 이 요법을 계속하는 사이에 하나의 사회가 형성되었고, 정기적으로 이 요법에 참가함으로써 생활에 리듬이 생겼기 때문이다.

감성을 자극하는 미술치료

알츠하이머에 대한 재활치료활동 효과를 평가할 때에는, 개개의 지적인 기능이 어떻게 변화했는지 검토하는 것이 중요하다. 이와 함께 생활 전체를 어떻게 개선해야 하는지에 대한 전략과 어떻게 그 전략에 기여할 수 있는가 하는 관점에서의 평가도 필요하다.

지능에는 WAIS-R 등의 검사에서 IQ로 표시되는 좁은 의미의 지능과 '자기의 감정을 어떻게 컨트롤하는가?' '사회에 어떻게 잘 적응할 수 있는가?' 에서 평가되는 지능이 있다. 미국의 심리학자 대니얼 골먼(Daniel Goleman)은 이것을 감성적 지능(Emotional Intelligence)이라고 했다.

직역하면 감성적 지능이 되지만, '심적인 지능' 이라고 부른다. 알츠하이머이든 혈관성 치매이든 이러한 병에 걸린 사람은, 병이 진행되는 과정에서 사회 또는 가족과 감정적 문제를 자주 일으킨다. 간병하는 방법에도 문제가 있지만, 환자 자신의 감정 컨트롤 능력이 부족하여 사회생활을 무난히 해나갈 수 있는 기능이 저하되는 것이 큰 요인으로 지적된다.

이러한 감정적인 면의 기능은 IQ와 비교하여 생각하기보다는, 기초적인 지능을 기반으로 사회와 접촉하고 단련할 수 있는 '사회적 지능' 내지는 '사회성' 이라 부르는 편이 좋을 것 같다. 또한 뇌 손상이 진행되어갈 때 사회성 회복에 힘쓰지 않으면 사회나 가정과 마찰을 일으키기 쉬운 증상을 낳게 된다.

그러면, 이러한 사회성 저하를 방지하려면 어떻게 하는 것이 좋을까? 알츠하이머 환자들은 중증의 기억장애 때문에 사회에서 유리되어 집 밖으로 나오지 않는 경향이 있다. 대부분의 환자들이 원래 비사교적이라는 연구가 있기는 하지만, 지역모임에 자주 참가하는 사교적인 사람들도 적지 않다.

미술치료는 환자들의 감성을 자극하고 예술적 창조성을 이끌어냄으로써 생활의 질을 높인다. 그와 동시에 이 요법은 환자들에게 사회 참여의 장소를 제공하고, 그들의 사회성이 저하되는 것을 방지하는 가능성을 얻는데, 이 점이 바로 우리가 미술치료에 기대하는 것이기도 하다.

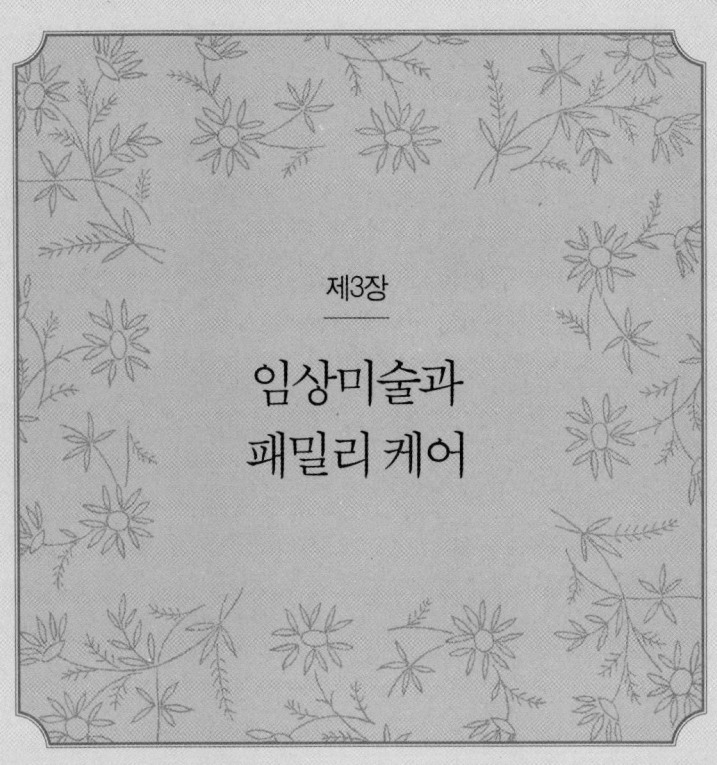

제3장

임상미술과
패밀리 케어

임상미술치료에 대한 패밀리 케어

　장수라고 해서 그저 오랫동안 사는 것만으로는 아무런 의미가 없다. 사회에서 적극적인 역할을 하며 보람 있는 생활을 영위하기 위한 환경이 있어야 한다.

　임상미술에서는 처음부터 가족을 위한 '패밀리 케어'의 발상이 있었다. 왜냐하면 치매 질환 환자와 함께 생활하는 가족들이 마음의 짐이나 고민을 가진 채 환자와 접하는 것은 가족과 환자 양자의 정신건강에 좋지 않다고 생각하기 때문이다.

　따라서 이러한 필요성은 의학적 근거에서 발생했다기보다는 어려움에 직면한 가족들을 어떻게든 좀 도와보자는 발상에서 시작되었다. 병원에서 환자에 대한 치료법은 많이 행해지고 있다. 그러나 환자로 인한 가족들의 쓰라린 경험이나 스트레스, 고민, 초조함 등도 환자 자신의 고생에 못지않을 정도의 심각한 문제임에도 불구하고 지금까지 이러한 가족들의 치료법은 없었다.

　미술치료는 환자의 우뇌를 활성화하여 조금씩 뇌의 활동상태가 활발하게 되도록 유도하는 것이다. 그와 함께 가족들에게는 환자로 인한 스트레스를 풀 수 있도록 환자를 어떻게 받아들일 것인가에 대한 조언과 격려를 한다. 그렇지 않으면 환자가 조금 회복되었다고 하더라도 가족이 그것을 즐겁게 받아들이지 못하고, 스트레스는 갈수록 쌓여가기만 할 것이다.

케어 디렉터가 가족들과 이야기를 해보면, 처음에는 '이런 병에 걸려 창피하다.'거나 '보기 흉하다.'라는 말을 자주 듣는다고 한다. 게다가 간병하는 사람과의 관계에 따라 발생하는 문제도 제각기 다르다. 며느리와 시어머니, 부부, 아들과 어머니, 딸과 어머니 등 서로의 관계에 따라서 느끼는 부담도 각기 다르다. 그래서 이들을 위한 도피처가 필요하다고 생각하게 되었다.

이렇듯 임상미술의 일환으로써 환자와 접하는 방법을 같이 생각하는 것만으로도 패밀리 케어의 역할은 크다고 한다.

패밀리 케어의 5대 요소

환자가 미술치료라는 조형창조활동을 하고 있는 동안에 간병하는 가족들은 따로 모임을 갖는다. 패밀리 케어는 중요한 정보교환의 장소이자 정신적으로 안심할 수 있는 공간이며 서로 격려하고 위로할 수 있는 시간이기도 하다.

① 시간 공유

치매 환자 가족들은 여러 가지 문제를 안고 있다.

'왜 내 아내가 이런 병에 걸렸을까?' '나 때문에 이런 병에 걸린 게 아닐까?' 같은 말을 되풀이하거나 내가 지갑을 훔쳤다고 말하는 것을 보면 참을 수가 없다. 어떻게 하면 좋을까?' '과연 이 병은 나을 수 있을까?' '이 병은 유전되지 않을까?' '언제까지 환자와 같이 있어야 할까?' 등 가족들에게는 걱정이 끊이질 않는다고 해도 과언이 아니다.

일반적으로 가족 중에 누군가가 치매에 걸린 것을 계기로 그 원인이나 치료에 대해서 진지하게 생각하고 고민하기 시작한다. 그리고 그것을 전부 떠안으려는 가족들이 많다. 상담할 수 있는 사람도 적고, 창피하다는 생각도 있어 누구에게 어떻게 물어야 할지를 모르기 때문이다.

병을 부끄럽게 생각할 뿐만 아니라, 고민하고 있는 자기 자신을 꼴불견이라고까지 생각하는 사람들도 있다.

'혼자 힘으로는 간병을 계속하기 어렵다는 점은 이성으로나 감정으로나 알고 있으나 의리나 체면만으로 버티고 있는' 사람들이다. 패밀리 케어 시간에 케어 디렉터는 가족들이 느끼는 고민과 걱정을 그대로 받아들인다. 괴로워해도, 울어도, 불평을 해도 좋은 시간과 장소를 제공하는 것이다.

그렇게 함으로써 가족들이 자신들의 문제를 정확히 파악하는 것을 거들어준다. 이런 장소가 없으면 스트레스가 계속 쌓여, 간병인이 환자를 따뜻한 마음으로 돌볼 수가 없다.

따라서 패밀리 케어는 참가하는 모든 사람들에게 처음으로 개인적인 자기 문제를 털어놓는 기회가 된다. 불평을 하고 눈물을 흘리면서 "만일 이런 자리가 없었다면 내게 진정 소중한 것이 무엇인지에 대해서는 생각도 못 했을 것입니다."라는 말이 스스럼없이 나오기도 한다.

자기 문제에 정면으로 부딪치려면 누군가의 도움을 필요로 한다. 말로 한다고 해서 문제가 해결되는 것은 아니다. 하지만 문제의 정리와 확인을 위해서 말로 표현해보는 것도 효과가 있다.

마음껏 불평을 하고, 우는 소리를 하고, 마음을 정리하며 문제를 확인해나가는 과정에서 뜻밖에 자기 문제를 자기 스스로가 크게 만들고 있었다는 것을 깨닫게 된다. 자기 문제를 들어줄 사람이 있음으로써 해결방법을 찾을 수 있는 것이다.

다른 참가자들의 고민이나 정직한 눈물을 접하는 것만으로도 공감할 수 있는 마음이 생기게 마련이다. 말로 잘 표현하지 못하는 사람도 다른 사람의 이야기를 들음으로써 자기 마음을 조절할 수 있다. 대변자를 발견한 기분이 되는 것이다. 바로 여기서부터 간병인들이 안고 있는 문제를 해결할 실마리가 보이는 것이다.

② 관계 회복

패밀리 케어는 가족과 환자의 관계 회복을 돕고 있다. 가정에서 치매 환자가 실수를 하거나 이상한 행동을 했을 때, 가족들이 가장 많이 취하는 행동은 몰아붙이거나 욕을 하고, 소리를 지르거나 혼내는 것이다.

이는 치료에 상당한 역효과를 유발한다. 환자들은 혼이 나면 자존심에 큰 상처를 입어 위축되고, 두문불출하며, 우울해할 뿐만 아니라 같이 소리를 지르기까지 하는 등으로 평온한 마음을 유지할 수 없다.

물론 정해진 해답은 없지만 '어떻게 하면 온화하게 대처할 수 있는지, 어떤 말을 골라 해주면 되는지, 어떤 마음가짐으로 대해야 하는지, 어떤 관점으로 생각해야 환자의 좋은 면이 보이는지' 등을 소재로 이야기한다.

환자가 상대방에 따라 태도를 바꾸는 경우도 문제가 심각하다. 예를 들면, 함께 사는 시어머니가 며느리 앞에서는 엄하게 하면서 아들 앞에서는 고분고분하고 다정하게 대하는 것이다. 아내가 시어머니의 병에 대해 설명해도 남편은 단지 '지나친 생각' 이라든가 '당신이 이상한 게 아니냐.' 는 반응을 보이기 때문에 며느리만 힘이 든다.

이런 경우는 시어머니와 며느리의 문제인 동시에 부부 문제, 부모 자식 간의 문제가 복잡하게 얽혀 있다. 여러 가지 의미의 관계 회복이 필요하다. 이건 단순한 문제가 아니기 때문에 말로 해결할 수 없다.

10명과 이야기를 해보면 10가지의 해결방법이 있다. 패밀리 케어의 중심 역할은 해결책을 무리하게 찾는 것이 아니라 격려나 위로, 그저 희망을 줄 수 있는 말을 듣는 것만으로 참가자가 서로에게 도움을 주는 것이다.

관계 회복이라는 관점에서 생각하면 다음과 같은 몇 가지 기본적인 자세가 있다.

• **환자의 기묘한 행동이나 부자연스러운 언동은 병으로 인한 증상임**
을 인식한다

병을 앓고 있다는 사실을 잊어버리면 간병인도 감정적이 되어 용서하지 못하고 신경을 곤두세우게 된다. 병을 앓고 있기 때문에 이상한 행동을 한다는 점을 항상 기억하는 것이 중요하다. 환자가 심한 말을 하는 것은 상대방이 미워서가 아니다. 또한 물건을 숨기거나 챙기지 못하는 것도 악의가 있어서가 아님을 인식해야 한다.

• **환자에게 따뜻한 말이나 감사의 말을 한다**

치매 환자에게는 인간으로서의 자존심이 명확히 남아 있는 경우가 많다. 병든 부분이 있으면서도 자존심에 관한 감정은 정상이다. 난폭한 취급을 하면 환자의 태도나 말에 큰 영향을 끼친다.

따라서 따스한 말이나 감사의 말을 건네는 일이 간병하는 가족과의 관계 회복에 중요한 역할을 한다.

간병을 하고 여러 가지 기묘한 행동까지 너그러이 봐주고 있는 것만으로도 충분히 희생하고 있다고 생각하는데 거기에다 따스한 말까지 하라는 것은 감정적으로 용납하기 어렵다고 생각하는 사람이 있을 수 있다. 그러나 감사의 말로 관계가 회복된다면 시도해보는 것도 나쁘지는 않을 것이다.

아무리 사소한 일이라도 정중하게 부탁하고 그것이 잘 이루어졌을 때에는 고맙다는 말로 대답하면 그것만으로도 분위기가 밝아진다.

• 가끔 웃는 얼굴을 보이며 여유를 가진다

많은 가족들이 간병을 할 때 밝지 않은 얼굴로 환자를 대할 때가 많다. 그러나 그것은 '당신이란 존재가 귀찮고 없어졌으면 좋겠다.'는 뜻을 말 이상으로 분명히 전달하는 것이 된다. 마음 한 곳에 환자가 웃음을 보여주었을 때의 기쁨을 떠올려보자. 환자가 웃게 하는 데는 간병인의 웃음이 최대의 특효약이다.

• 기분전환으로 산책을 한다

가끔은 잠깐 밖에 나가 자연을 보고 꽃 이름을 물어보거나 신선한 공기를 맛보는 것도 아주 좋다. 걷는 일 자체가 뇌를 활성화하고 체력을 증진시키는 데 유익하다.

• 대화법을 연구한다

간병을 계속하다 보면 대화가 어느새인가 단조로워진다. 그래서 조심하지 않으면 환자에게 유아어를 많이 쓰게 된다. 환자의 자존심을 세워주어야 하므로 될 수 있는 한 어른 대 어른의 말을 사용하고 즐거움이나 기쁨을 정중히 표현하는 것이 중요하다.

또한, '예.' '아니오.'가 아닌 말로 대답할 수 있는 질문을 몇 가지 준비해 두는 것이 좋다. 시간이 좀 걸릴지도 모르지만 인내하고 기다려야 한다. 기다리는 자세가 없으면 점점 말수가 적어진다.

③ 정보교환

최근 들어 복지에 관련된 정보가 많아지기는 했지만 그렇다고 간병인이 필요한 정보를 얻는 일이 쉬워진 것은 아니다. 정보수집을 위해서 공공기관에 가는 일조차 쉽지 않을 때가 많다. 패밀리 케어의 현장은 같은 병을 앓고 있는 환자와 같이 사는 가족들의 모임이므로 정보를 교환하는 데 유익하다.

게다가 이런 상황에서는 이렇게 대처했다든가, 이런 일이 있었는데 이런 결과를 낳았다는 등의 살아 있는 정보를 교환할 수 있기 때문에 그러한 정보 자체를 듣는 것만으로 가족들에게 매우 구체적인 지식이나 지혜가 될 수 있다.

④ 마음의 희망을 잃지 않는다

치매의 치료가 어렵다는 점을 알고 있는 가족들에게 필요한 것은 그로 인한 상처의 치유이다. 치매가 가족들에게 안겨주는 가장 큰 타격은 마음의 희망을 빼앗아가는 것이다.

언제까지 계속되는가, 어디까지 증상이 심각해지는가, 내일은 어떻게 될까 등 이러한 불안은 커져가는데 그것을 나눌 수 있는 장소가 없으면 스트레스가 마음의 상처가 되어 환자 이상으로 간병인이 우울해지기 쉽다. 그래서 희망이 필요하다. 아무리 작은 희망이라도 말이다. 그리고 웃음이 사라지게 해서는 안 된다.

같이 힘들어하는 사람들의 말이나 태도, 그리고 눈물과 웃음 속에서 서로가 알고 있는 감정을 서로 교환하고 공감할 수 있는 것이다. 그러면 신기하게도 마음이 가벼워지는 듯한 느낌이 들기 시작할 것이다. 이게 바로 희망이 확실히 뿌리를 내리기 시작한다는 증거가 아닐까 한다.

⑤ 타인에게도 도움이 된다

패밀리 케어에 참가하면서 언제부터인가 자기의 근심을 털어놓고 다른 사람의 근심도 들어주는 동안, 이런 마음의 작업이 단지 자기 문제의 해결만을 위한 것이 아니라 다른 사람에게도 도움이 된다는 점을 머지않아 깨닫게 될 것이다.

지금까지는 이러한 걱정을 가진 사람은 자기 자신뿐이라고 여기며 우울해하던 간병인이 걱정이나 고민을 나누기 시작하면서 "그럴 때 나는 이렇게 해봤다." "나도 그렇게 느꼈다."라는 말을 듣고 "어쩐지 용기를 얻은 것 같다."는 등의 반응을 보일 때가 종종 있다.

간병인의 근심은 본인밖에 모르지만 그것을 서로 나눔으로써 비슷한 경험자가 많다는 사실을 알게 되고, 다른 사람에게 도움이나 격려를 줄 때가 많다.

패밀리 케어에 대한 다양한 반응

미술치료는 매번 가족 중 누군가가 환자를 병원에 데리고 와야 하므로 지속적으로 통원 치료를 하려면 가족의 도움과 협력이 반드시 필요하다. 우선은 계속할 수 있는지 없는지에 관한 장애물이 여기에 있다.

처음으로 통원을 시작한 가족들에게는 이 문제가 참으로 중요하다. 환자를 병원으로 데려오고 데려가는 것만으로도 바쁘고 충분히 희생하고 있다고 생각하기 마련이다. 그런데 여기에 이런 가족모임에도 참석하라고 하면 너무 힘들어하는 사람들이 의외로 많다.

"카운슬링은 환자에게나 하라. 나는 단지 환자를 데리고 온 것뿐이므로 치료는 필요 없다."라는 생각을 하는 것은 지극히 자연스러운 일이다. 거기다 돈은 얼마나 드는지, 어떤 치료를 하는지에 대한 불안과 걱정이 사라지지 않는 것도 사실이다.

지금처럼 치매 치료 프로그램에 처음부터 패밀리 케어 시간이 포함되어 있으면 가족 참가의 승낙문제도 그리 어렵지 않지만, 미술치료를 처음 시작한 지 얼마 되지 않았을 때는 가족들의 이해를 얻는 데도 많은 시간이 걸리기 마련이다.

이에 대해 세키네[關根]는 "깊이 관여하고 싶지 않다는 가족들의 마음 때문"이라고 설명한다.

"선생님, 우리 어머니는 점점 치매가 심해지고 있고 이젠 어쩔 수 없다고 생각됩니다. 이런 테라피 같은 것은 해봤자 소용없습니다. 저도 쓸데없이 시간만 낭비하는 것 같습니다. 가망이 없다면 없다고 말씀해 주시고, 어머니와 같이 뭔가를 함께 하는 것도 싫으니 저를 카운슬링에서 빼주십시오."

이러한 노여움과 비슷한 조바심에 대해 세키네는 이렇게 조언했다.

"당신이 이렇게 카운슬링에 참가하는 것이 다른 가족들에게 얼마나 큰 위로와 격려가 되는지 모릅니다. 다른 가족들은 당신을 보며 '아들이 시간을 쪼개 어머니를 병원에 데리고 왔구나.'라고 느끼고 있을 것입니다. 어쩌면 당신이 얻는 것은 적을지도 모릅니다. 그러나 언젠가는 어머니와 함께 병원에 왔던 것을 기쁘게 생각할 날이 반드시 올 것입니다."

그러자 그 이야기를 옆에서 듣고 있던 노부부가 말했다.

"정말 그렇게 생각해요. 부럽습니다. 아드님이 병원에 같이 와 준다는 것이오. 노인이 많이 있는 이런 모임은 별로 즐겁지 않겠지만, 저희들은 당신 같은 아드님이 저희와 같이 있는 것만으로도 즐거워진답니다."

그러자 그 아들은 대답했다.

"어머니를 내버려 두겠다는 것이 아니라, 좀처럼 호전되지 않는 상황에서 뭘 해도 소용없다는 느낌이 들었습니다. 사실은 저도 아직 희망을 가지고 있기 때문에 이렇게 같이 통원하는 것입니다. 조금 전에는 좀 감정이 격해진 상태여서…… 죄송합니다."

이런 대화를 주고받고 있으면 자연히 분위기가 좋아진다.

어느 부인이 말했다.

"제가 좀 심한 짓을 했습니다. 저는 항상 남편을 꾸짖고 재촉하고, 무리한 일을 시켰습니다. 앞으로는 조금 더 따뜻하게 대해야겠습니다. 생각해보면 소중한 남편이니까요."

이런 고백은 매우 귀중한 것이다. 긴 세월 동안 마음 한구석에 항상 존재하고 있던 감정이었을 것이다. 그러자 이 부인의 말에 이어 몇 명이 같은 고백을 털어놓았다.

"선생님 말씀을 듣고 퍼뜩 정신이 든 것 같습니다. 저도 해서는 안 된다고 하는 것만 해온 것 같아요. 꾸짖고, 소리지르고, 불평하고, 그런다고 해서 마음이 개운해지는 것도 아닌데, 문득 정신을 차려보면 어느새 화를 내고 있는 제 자신이 실망스럽습니다. 이런 가르침을 좀 더 빨리 받았더라면 좋았을 텐데 하는 아쉬움이 있네요. 사정이 많이 악화되고 나서 이 병원을 알게 되었습니다. 너무 늦은 게 아닌가 싶은데 아직도 늦지 않았나요?"

모두들 머릿속으로는 무엇을 해야 할지, 어떻게 간병하는 게 좋을지는 알고 있다.

임상미술을 시작한 의사 기무라 신(기무라 클리닉 원장)은 이런 말을 자주 한다.

"치매 치료는 일종의 마라톤과 같은 것입니다. 따라서 무리하지 않고 계속하는 것이 중요합니다. 지금까지 일주일에 20번 불평을 하던 가족이 패밀리 케어에 참가하고 나서는 불평이 조금 줄어 20번 중에서 5번은 참을 수 있게 되었다면 아주 훌륭한 것이라 생각해도 좋습니다. 참는 횟수가 더욱 늘어서 일주일에 불평하는 횟수가 훨씬 더 적어졌다면 이 치료는 아주 성공적이라고 생각합니다."

패밀리 케어를 시작하면 환자들도 여러 가지 감상을 이야기한다. 남편이 아주 잘 해준다, 웃는 얼굴로 대답을 해주어 정말 기뻤다, 어딘지 모르게 집안 분위기가 화목해졌다는 등의 감상을 이야기한다. 이렇게 치매 초기의 환자는 매우 민감하게 느낀다.

가족의 태도가 바뀌면 가족들 자신이 편해지는 것뿐만 아니라, 환자도 편해지고 결국 가족 전체에 화목을 가져오게 된다.

패밀리 케어는 가족을 위한 케어이지만, 그 결과 환자를 대하는 태도에도 변화를 가져오므로 결국에는 환자 치료에도 큰 도움이 된다.

가족들로부터, "어떻게 하면 남편을 바꿀 수 있을까요?" 또는 "어떻게 하면 집사람이 내 말을 좀 더 잘 듣게 할 수 있을까요?"라는 질문을 받았을 때, 세키네의 답변은 매우 엄한 태도를 보인다.

"병을 앓는 환자에게는 '당신은 좀 바뀌어야 해.'라고 요구를 해도 좀처럼 생각대로 바뀌지 않습니다. 왜냐하면 그런 병을 앓고 있으니까요. 오히려 건강한 당신의 태도를 바꾸어보는 것은 어떨까요. 자기 스스로 내가 바꾸어야 할 부분이 없는지 생각해보는 마음이 중요합니다."

"참가자의 대부분이 처음에는 어떻게 하면 환자를 자기 마음 대로 움직일 수 있을까 하는 비밀암호 같은 것을 찾으려고 옵니다. 그러나 그런 것은 세상에 존재하지 않습니다. 만일 그런 게 있다면 그건 시간을 두고, 그것도 가족들이 바뀌는 전제 하에서만 실현되는 것이라고 생각합니다. 또한 노력하고, 시각을 바꾸고, 행동을 바꾸고, 말과 태도를 바꾸면 조금씩 환자도 그것을 인식하게 됩니다. 환자가 안정을 찾고 자기 말에 따라주면 가족들도 진심으로 편안한 표정을 되찾습니다. 그러면서 한층 더 공들여 노력하게 되고 즐거움도 나누어 가지게 됩니다."

패밀리 케어의 성공과 실패는 이러한 사람을 얼마나 많이 만들어 내느냐에 달려 있는지도 모른다.

어느 남편의 고백

"저는 선생님이 말씀하신 대로 별로 말대꾸도 하지 않고, 거만하게 굴지도 않습니다. 그리고 예, 예, 하면서 될 수 있는 한 뭐든지 같이 하려고 합니다. 그전까지는 거만하게 굴었습니다. 병든 아내가 남편인 나의 걸림돌이 된다고 생각했습니다. 더구나 지금까지는 가족을 위해서 열심히 살아왔으니까 지금부터는 나를 위해서 살아야겠다고 다짐을 하고 나를 위해 시간을 가지려고 했던 참이었습니다.

그래서 아내의 병을 처음 알았을 때는 눈앞이 더욱 깜깜했습니다. '왜 내가 이런 일을 당해야 하나.' 하는 생각도 들었습니다. 그런데 이것을 병이라고 받아들인 순간부터 어쩐지 아내가 가엾게 느껴졌습니다. 이제는 아내에게 내가 없으면 안 된다는 생각을 했고, 제가 일로 집을 비울 때가 많아서 그동안 고생도 많이 시켰다는 생각도 들었습니다.

아내가 바뀌길 바라는 것은 무리이지요. 무리라는 걸 알면서도 나도 모르게 마음속으로 요구하는 내 자신을 발견하게 되더군요. 번뇌가 가득할 수밖에 없었지요. 그런데 여기에 와서 여러분들의 이야기를 듣고 요즘은 생각이 많이 바뀌었습니다. 먼저 나를 바꿀 필요가 있다는 점을 깨달았습니다.

아내의 상태가 이상해진 요즘에는 치매에 관한 책도 많이 읽고 있습니다. 책망을 해서도 안 되며, 꾸짖거나 화를 내서도 안 된다고 씌어 있더군요. 제가 그동안 아무것도 모르고 해온 행동들이다, 말도 안 되는 짓을 해왔구나 싶었습니다. 그리고 '잘 대해주어라.' '이야기를 잘 들어주어라.' 하는 내용들이 씌어 있었습니다. 그런 건 제가 전혀 하지 않았던 것들이었습니다. 제가 아내의 상태를 이렇게 심하게 만들었구나 싶었습니다. 그러나 그 당시는 지식도 없었고, 초조한 마음에 어쩔 수 없었다는 생각도 듭니다. 제 자신이 한심해지더군요.

미술치료에 참가하면서도 아내는 그렇게 좋아진 것 같지는 않지만, 제게는 감사한 시간이었습니다. 불평을 할 수도 있었고, 여러분의 경험을 들을 수도 있었으니까요. 그렇습니다. 정답은 어디에도 있지도 않고 바라지도 않습니다. 원래 이런 병에는 정답 같은 건 없다는 게 정답이 아닐까요? 정답을 얻기보다는 힌트를 구하는 것이지요. 결국 자기가 변하고, 자기가 행동하고, 자기가 짊어지지 않으면 안 되니까요. 이런 힌트가 있으면 횡재한 거나 다름없습니다. 요즘은 무슨 일이 있어도 놀라지 않으려고 합니다. '이 병은 그런 행동을 불러일으키는 병이다.'라고 생각하며 이해하고 있으니까요.

만일 이런 일이 없었다면 저도 인생에 대해서나, 제게 있어 아내가 어떤 존재인지에 대해 별로 생각하지 않았을 것입니다. 아내는 밝고, 사교적이며, 남에 대한 배려도 깊었고, 손재주가 있어서 뭐든지 잘했습니다. 그래서 치매에 걸릴 줄은 꿈에도 생각하지 못했습니다.

잠시 동안이긴 하지만, 제 탓에 병이 든 게 아닐까 하는 고민도 했습니다. 지금 제가 할 수 있는 것은 옆에 있어주고, 같이 고민하고, 같이 기뻐하는 것이라 생각합니다. 저도 혈압이 높은 편이라 언제까지 옆에 있어줄 수 있을지 불안합니다만……

주위 사람들이 알게 되는 것이 싫었던 적도 있었지만, 이웃에게만은 말씀드리는 게 좋을 것 같아서 옆집 분들에게는 알렸습니다. 무슨 일이 생기면 금방 상황을 전할 수 있으니까요. 창피하다고 가만히 있을 수만은 없는 거잖아요. 그것도 이런 자리에 와서 여러분들의 이야기를 듣고 난 덕분에 얻은 용기입니다. 그 안에서 제 자신이 가다듬어진 것일지도 모릅니다. 제게 중요한 거요? '사랑', 그리고 '치매는 병이다.' 라고 딱 잘라 생각하는 자세입니다."

이 고백을 한 사람은 얼굴 가득 멋진 미소를 머금었다. 처음에는 바빠서 시간이 없고, 이런 일로 환자가 크게 좋아지는 것도 아니고, 가족에게 기대를 걸게 하는 것도 무리라며 참가 자체에 난색을 표했던 사람이다. 그런데 이대로는 자신도 견디기 힘들고 점점 궁지에 몰리는 것을 깨닫고서 적극적으로 참가하게 되었다고 한다.

이 사람은 처음보다 밝고 명랑해졌으며, 말하는 내용도 알아듣기 쉽고, 듣기에도 좋아졌다. 아마 이런 고백을 통해서 자신이 다른 가족들에게 얼마나 격려가 되고 많은 위로를 주고 있는지는 모르고 있을 것이다. 만약 남을 위해 참가한다는 부담이 생긴다면 이런 모임은 그 의미를 상실하게 된다.

패밀리 케어의 구성원은 자기의 있는 그대로를 드러냄으로써 각자가 다른 사람의 케어에 도움을 주고 있다.

임상미술의 장은 이러한 장소와 내용을 갖추어감으로써 앞으로 의료에 매우 중요한 요소가 될 것이다.

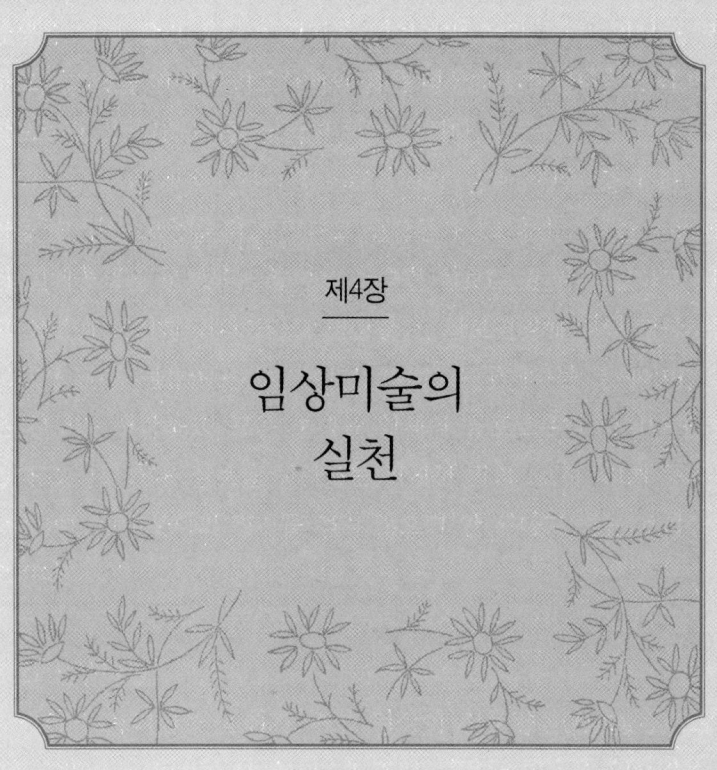

제4장

임상미술의
실천

미술에는 재능이 없지만 '다시 오고 싶다'

임상미술치료의 커리큘럼을 개발하는 니시다 세이코〔西田淸子〕는 말한다.

"전 그림을 감상하는 것은 좋아하지만 직접 그리는 것은 잘 하지 못합니다. 게다가 손재주도 없어서 여름방학의 공작 숙제는 두 살 어린 남동생에게 모두 부탁하는 형편이었죠. 그런 제가 지금 이렇게 깊이 미술에 관계되는 일을 하게 될 줄은 생각도 하지 못했어요. 지금 생각해보면 잘 하지 못한다는 의식이야말로 많은 분들에게 '즐겁다.' '또 오고 싶다.' 라는 생각을 하게 만드는 것이 아닐까 싶습니다."

"미술치료에서는 첫 번째 참가가 가장 중요합니다. '서투르다.' '싫다.' 라는 분들도 두 시간 후에는 반드시 '또 오고 싶다.' 라는 기분이 되어 돌아가시도록 만들지 않으면 안 됩니다. 여기서 도움이 되는 것은 '서투르다.' 라는 인식입니다. 즉, 미술이 서투르니까 '다시 오고 싶다.' 는 생각이 들 수 있게 프로그램을 만드는 것입니다."

"자기 기분을 색이나 모양으로 표현할 수 있는 즐거움, '잘 한다.' '못한다.' 등을 생각하지 않고 마음 가는 대로 표현하는 기쁨을 알고 즐거워졌습니다."

이것은 예방교실에 참가한 적이 있는 한 여성의 감상이다. 이 사람과 같이 예방교실에 4번 참가한 예순다섯 살의 여성은 이렇게 말했다.

"감성이 풍부해진다는 것이 뭔지 몰랐습니다. 그런데 강의를 들으면서 맛보기 정도이지만 조금은 알게 된 것 같습니다. 제 나름대로, 손자가 '학교 다녀왔습니다.' 라고 크게 소리치면 '저 목소리는 무슨 색으로 어떻게 표현할까?', 요리를 하면서도 '이 칼의 소리는 어떤 소리일까?' 와 같은 생각을 하면 마음이 좀 들뜨는 것 같습니다."

그럼, 지금부터 미술치료의 매력과 실천 포인트에 대해서 알아보기로 하자.

미술치료, 그 다섯 가지의 매력

미술치료의 첫 번째 매력은 '연령, 성별, 인생의 신념과는 관계없이 인생을 즐길 수 있다.' 는 것이다. 치매 재활치료의 경우 치매 초기 클래스는 남녀 반반으로 구성되어 있고 평균 연령은 일흔다섯 살이며, 정원은 10명 정도이다. 자라온 내력, 학력, 가족구성, 과거의 직업, 취미 등이 다양하다. 하지만 미술 작품을 만드는 활동은 이러한 조건과는 상관없이 자기의 느낌을 표현하는 것으로 그 사람 나름대로의 작품을 완성하며 만족감을 얻을 수 있다.

두 번째 매력은 '작품이 남는다.'는 것이다. 이것은 아주 의미 있는 일이다.

죽은 뒤에 자기의 작품을 남기는 사람은 아주 드물 것이다. 누구나 똑같이 '죽음'으로 향하고 있다. 고령의 환자는 특히 더 가깝게 느끼는 일이다. 임상미술을 시작하고 난 이후 몇몇 사람이 세상을 떠나는 것을 지켜본 일이 있다. 미술치료에 참가했던 사람의 장례식에서는 대부분 고인이 생전에 미술치료 수업에서 만든 작품을 사진 옆에 장식해 두곤 한다.

70대의 O씨는 크리스마스를 3일 앞둔 어느 추운 날, 드물게 밝게 웃으며 즐겁게 이야기를 했다. 그러나 5분 후, O씨는 심장발작으로 세상을 떠났다. 작품을 완성한 다음, 크리스마스에 다시 만날 것을 약속하고 죽은 것이다. 가족들은 슬픔에 잠기면서도 O씨가 생전에 미술치료를 정말 즐거워했다며, O씨가 만든 작품을 집에 소중히 보관하고 싶다며 가져갔다.

대개의 경우, 장례식에서는 고인의 현역시절의 에피소드만 서로 이야기하게 마련이다. 하지만 미술치료를 했던 환자들의 경우는 마지막까지 충실한 삶을 살았다는 이야기를 한다.

미술치료의 세 번째 매력은 본인이 만든 작품을 두고 '구체적으로 칭찬할 수 있다.'는 것이다. 이것은 미술치료의 매우 중요한 요소이다. 나이가 들수록 누군가의 칭찬을 받는 일은 매우 드물다. 특히 치매에 걸리면 가족들은 칭찬은커녕 화만 낼 뿐이다. 환자는 자신을 잃고 행동범위가 좁아지고 말수가 적어지게 마련이다.

미술치료의 현장에서는 어떠한 사소한 일이라도 진심으로 칭찬을 한다. 그래서 사람들은 자신감을 찾게 된다. 이런 기분이 다음번에도 미술치료 수업에 참가하고 싶다는 생각이 들게 하는 것이다.

네 번째 매력은 '자기 자신을 발견한다.'는 것이다. 미술치료에 참가한 사람들은 작품을 제작하는 과정에서 치매 증상의 유무에 관계없이 굉장히 많은 고민을 한다. 무(無)에서 유(有)를 창조하는 작업은 예술가와 똑같다. "오늘의 기분에 맞는 색을 골라 주십시오."라고 하면 환자들은 고민한다. 그런데 "어떤 색을 골라도 좋습니다."라는 말에는 주저하면서도 제각기 색깔을 고른다.

'내게도 이런 면이 있었나?'라고 생각할 만한 발견이 있을 수도 있다. 남자들에게 어렸을 때 좋아했던 색을 고르라고 하면 "옛날에는 창피해서 고르지 못했는데……."라면서 분홍색을 고르는 사람들이 의외로 많다는 사실에 놀라게 될 때가 있다.

다섯 번째 매력은 '희망을 가질 수 있다.'는 것이다. "남편이 알츠하이머에 걸렸는데 미술치료를 알고부터는 삶에 다시 새로운 목표가 생겼습니다."라는 이야기를 듣기도 한다.

아내가 치매에 걸려 남편과 함께 통원치료를 하는 부부의 이야기를 소개하고자 한다. 미술치료 시간에 참가하는 날은 월요일이다. 그러면 금요일에는 "사흘 남았네." 토요일에는 "이틀 남았네."라고 말하며 두 사람 모두 기대에 가슴이 설렌다고 한다. 당일 아침이 되면 아내는 일찍 일어나 스스로 몸치장도 하고 출발시간이 되기도 전에 현관 앞에 서 있는다고 한다. 그 다음 화요일에는 '어제의 감상', 수요일과 목요일에는 좀 적적한 기분으로 보내고, 다시 들뜬 금요일을 맞이하는 것이 생활의 연속이 되었다고 한다.

"전에는 생각할 수도 없었던 리듬이 생기고 공통 화제가 있어 대화에도 활기를 띤다."고 남편이 말한다.

다양한 가능성을 가진 미술치료

현재 미술치료의 대상자는 알츠하이머 환자와 그 가족들이지만, 미술치료 기법은 그림이 서툰 사람들도 미술을 접하며 이해할 수 있는 첫걸음이 될 수 있다.

임상미술에서는 치매 환자뿐만 아니라 그 가족을 지원하는 것도 하나의 목표이다. 가족들이 창작의 즐거움을 발견하고 열심히 다니는 경우도 많다.

U씨의 부인도 미술에 푹 빠진 사람 중 한 명이다. 그녀는 항상

조용하며 미술치료 교실에서도 치료 강사에게 가벼운 목례만 하고는 이내 가족석에 앉는다.

그런데 미술치료 시간이 시작되면 지금까지 조용하고 온화한 눈매와는 사뭇 다르게 예리한 눈빛으로 '강사의 이야기를 하나도 빠뜨리지 않겠다.'라는 자세로 열심히 귀를 기울인다. U씨의 걱정은 안중에도 없는 듯 '자기만의 시간'을 즐기고 그날의 커리큘럼에 몰두한다. 적극적으로 질문을 던지기 때문에 담당 강사는 특별히 교재에 대해 세심하게 준비하고 수업에 임한다.

U씨 부인뿐만 아니라 다른 가족들에게도 "미술이 이렇게 즐거운 것인지 몰랐다."라는 말을 자주 듣게 된다. "남편이 치매에 걸린 것은 슬픈 일이지만 미술치료를 알게 되어 감사하다."라고 말하는 사람도 있다.

그런데 반대로 이런 경우도 있다. Y씨의 남편은 그림 그리는 것을 좋아한다. Y씨는 중기 치매 환자로 개선될 가능성이 있다는 의사의 판단 하에 미술치료에 참가했다. 같이 참가한 남편은 부인이 뭔가 미술 활동을 하면 안절부절못하여, 멀리 떨어진 자리에 가만히 앉아 있다가도 금세 달려와 부인을 꾸짖었다. 강사에게도 말참견을 자주 하여 수업 분위기를 멋쩍게 만들기도 했다.

그런 어느 날, 남편은 "다음 달부터 미술치료를 그만두겠습니다. 이 정도라면 제가 집에서도 충분히 지도할 수 있으니까요."라고 이야기했다.

"미술치료는 그림을 그리는 것에만 있는 게 아니라, 일련의 시간이 흘러가는 속에서 뇌가 활성화되는 것입니다."라고 설명해도 그는 이해하지 못하고 결국 병원을 옮기고 말았다.

그로부터 3개월 후, 휠체어에 탄 눈이 멍한 상태의 Y씨를 다시 진료하게 되었다. 남편은 고개를 푹 숙인 채 부인의 휠체어를 밀고 있었다. 병원을 바꾸기는 했지만 무슨 사정이 있어 다시 이 병원으로 돌아온 것이다.

미술치료를 그만두었다고 해서 급속히 증상이 심해졌다고는 할 수 없지만 상태가 악화되는 하나의 요소가 되었던 것만은 확실하다.

"환자는 항상 아슬아슬하게 지금의 상태를 유지하고 있습니다. 한걸음만 잘못 디디면 쓰러지고 맙니다."라는 의사의 말이 가슴속에 깊이 와닿는 순간이다.

"미술을 좋아하므로 가족들을 위해서 미술치료를 배우고 싶습니다."라고 말하는 사람도 많다. 그런데 가족 간이라도 매우 어렵고, 가르치는 방법이나 말 한마디에서부터 감정이 부딪쳐 미술 활동이 불가능해진다. 게다가 환자는 가족에게 칭찬을 받으면 반신반의하기가 쉽다. 하지만 임상미술치료사의 말하면 전문가의 말이기 때문에 그대로 솔직하게 받아들인다.

임상미술은 약물에 의지하지 않는 새로운 치료법과 예방법으로 주목받고 있다. 여기에 임하는 임상미술치료사는 특별한 훈련을 받고, 기술을 몸에 익힌 사람들이다.

임상미술치료사가 주의해야 할 일곱 가지

① 가족들에게 신뢰받는 것이 중요하다

미술치료에 참가하는 사람들 중에는 의사의 권유로 참가하는 경우가 많다. 이때 가족들은 생소하게 느껴지는 미술치료에 대해 불안을 느끼고 효과를 의심하기 일쑤이다. 그래서 미술치료를 시작할 때는 우선 작품을 만드는 현장을 직접 체험하는 것부터 시작한다.

체험하고 난 뒤 '나도 즐겁게 할 수 있다.'는 것을 실감함으로써 참가 의사를 결정한다. 이런 절차를 통하지 않고 매스컴 정보나 참가자의 소개로 참가를 희망하는 사람들도 있다. 그런 경우는 '의사에게 치매 진단을 받았는지의 여부'를 확인하고, 진단을 받지 않은 사람은 의사를 소개한 다음, 가족에게 사정을 설명한다. 어떤 경우라도 신뢰받을 수 있게 조치하여 가족과 더 나은 인간관계를 성립하고, 가족들이 즐겁고 편한 마음으로 미술치료를 받을 수 있도록 해야 한다.

② 환자들과 진심으로 공감하는 것이 중요하다

'남에게 인정받고 싶다.'라는 감정은 연령에 관계없이 누구나 가지고 있다. 임상미술치료사는 언제나 환자와 공감하고 즐거움을 공유하는 자세를 소중히 여겨야 한다. 공감은 환자를 안심시켜 침착하게 만든다.

예를 들어, 미술치료 시간 중에 크레파스를 쓰고 싶지 않다고 하면 무리하게 사용을 강요하지 말고 다른 재료로 그리게 한다. 치료사는, 작품을 완성해가는 과정에서 항상 환자의 기분에 맞추고, 환자의 선택에 공감하는 태도를 가져야 한다.

③ 현 시대를 살고 공유하는 느낌을 갖게 하는 것이 중요하다

고령자는 확실히 '지금 현재'라는 시대에 서먹함을 느끼고 있다. 그러나 꽤 심각한 상태가 아니라면 과거에만 집착하고 현재에 흥미가 없는 것은 아니다. 그림 그리는 재료에 대해서도 새로운 소재에 흥미가 많고, 가만히 집어들고 관찰하는 모습도 드물지 않게 목격하게 된다. 니시다 세이코는 임상미술의 현장에서 재미있는 경험을 한 적이 있다고 한다.

임상미술치료사가 급히 휴대폰 문자 메시지를 확인할 일이 생겨 교실 구석에서 조작을 하고 있는데 아흔 살이 넘은 할아버지가 "지금 뭘 하고 있는 건가?"라며 물어왔다. 치료사가 "휴대폰이라는 물건인데, 이걸로 여기서 전화를 걸 수도 있습니다."라고 하자, "그럼, 내 딸이 있는 곳에도 전화할 수 있소?"하며 전화번호를 술술 말했다고 한다.

치료사가 조심스럽게 그 전화번호로 전화를 하니 아니나 다를까 할아버지의 딸이 전화를 받았다. 딸은 아버지의 전화를 받고 깜짝 놀랐다고 한다. 이야기를 들어보니 그 할아버지는 젊었을 때 기술 계통의 일에 종사했다고 한다. 그래서 기계에 관심이 많았던 것이다.

오스트레일리아의 애들레이드에 있는 특별 간병노인 요양소에서는 '새로운 일에 도전한다.' 라는 모토로 의욕적으로 활동하고 있다.

익숙한 일에 실수를 하면 자신감을 잃지만, 컴퓨터와 같이 처음 접하는 사물이라면 실패해도 당연한 것으로 여길 수 있어 '꼭 체험하고 싶다.' 는 희망자가 많다고 한다. 미술치료에서 실시하는 커리큘럼도 도전의 연속이다. 난이도가 높은 것도 있다. 할 수 없다고 생각하던 일을 할 수 있게 되는 즐거움은 나이에 관계없이 엄청난 것이다. 이렇게 새로운 일에 도전하는 환자를 보며 그들 가족도 배우는 점이 많다고 한다.

④ 안전성이 보장되어야 한다

교실에서 발생하는 사고는 물론, 교재 선택에도 충분한 배려가 필요하다. 임상미술이 시작된 초기에는 시중에서 판매되는 일반적인 재료를 사용했다. 그런데 크레용을 먹으려고 한다든지, 물감을 혀로 핥으려고 하는 사람도 있었다. 붓이나 가위도 시판되는 것은 사용하기가 어려워 독자적으로 개발했다.

도호쿠 감성복지연구소에서 임상미술을 실시했을 때는, 다행히도 전통 있는 화방의 전면적인 협력으로 3년간의 연구개발 끝에 환자들이 사용하기에 적합한 재료와 도구를 만들 수 있었고,

이들은 전부 안전 기준에 준거한 것들이다.

⑤ 환자의 상태를 잘 살피는 것이 중요하다

환자들은 매일 바뀐다. 의사가 진단하는 것 이외에 어딘가 힘이 없다든지, 의욕이 떨어지고 있다든지 등등 겉으로는 보이지 않는 미묘한 변화에 대처해나가는 것이 중요하다. 이는 치료사의 관찰력에 달려 있다. 예술적인 감성이 있어도 둔감하다면 임상미술치료사가 될 수 없다. 임상미술치료사는 얼굴을 본 순간 환자의 상태나 기분을 순간적으로 파악할 수 있어야 한다.

⑥ 의사, 미술가, 가족 상담가의 연대를 확립해야 한다

임상미술의 기초는 의사, 미술가, 가족 상담가(카운슬러)의 3자가 각자의 위치에서 환자와 가족을 지원해가는 시스템에 있다.

치매 재활치료에 관한 임상미술의 목표는 세 가지가 있다. '치매 진행을 조금이라도 늦추어 향상되도록 노력한다.' '재택(在宅) 환자를 중심으로 치료한다.' '평생 자택에서 가족과 함께 살 수 있도록 가족의 스트레스가 쌓이지 않게 노력한다.'

임상미술을 시작한 이래 이 세 가지 자세는 한결같이 변함이 없다.

• 의사의 역할

의사는 환자를 처음부터 여러 가지 각도로 관찰하고 진료한다. 환자와 가족들에게 치매를 치료하는 선택사항의 하나로써 미술치료를 소개하고, 홍미를 보이면 환자에게 미술치료를 권한다.

미술치료에는 담당 의사도 반드시 교실에 대동한다. 익숙해진 환자에게는 가볍게 말을 걸거나 작품에 대한 감상을 말하기도 한다. 또한 치료효과를 측정하거나 다른 병을 체크하기도 한다.

의사들도 함께 미술치료를 체험하는 것이 바람직하다. 의사 역시 환자들에게 미술 실력이 서툴다는 의식을 심어주는 것이 도움이 되기도 한다. 의사의 "괜찮습니다. 저처럼 서툰 사람도 즐겁게 할 수 있으니까요."라는 말 한마디가 환자와 의사 사이의 거리감을 좁혀주고 강한 신뢰감을 줄 수 있다.

● 미술가의 역할

'임상미술치료사는 미술가가 아니면 안 된다.'라는 대전제와 함께 그 연장선상에서 임상미술이 탄생했다. '새로운 소재로 가르친다.' '진짜 모티프를 사용한다.'라는 모토는 예술조형연구소의 초창기에 일반인을 대상으로 한 미술교실 때부터 변함이 없다. 아마도 이런 역사가 없었다면 임상미술은 탄생하지 못했을 것이다.

미술가라는 전제가 미술치료를 매력적으로 만드는 원동력이다. 그 자신이 무(無)에서 유(有)를 창조하기 위해 늘 고심하기 때문에, '어느 색으로 할까?'라며 한참을 망설이고 있는 환자들 옆에서 묵묵히 기다릴 수 있는 것이다.

하지만 단순히 가르치는 일만 하다 보면 창작에 대한 열정을 잃어버릴 수 있다. 그러지 않기 위해서는 임상미술치료사도 직접 제작하고 작품을 창조해나가지 않으면 안 된다. 더불어 임상미술치료사는 커리큘럼의 개발, 준비, 수업, 강의평가, 기록 등 매우 다양한 일을 해야 한다.

임상미술치료사는 수업을 진행하면서 의사와는 전혀 다른 각도에서 환자를 주시해야 한다. 그리고 이를 정리해서 '감성평가표'를 만든다.

● 가족 상담가의 역할

일본에서는 미술가가 재활치료에 참가한다는 것도 새로운 발상이다. 하지만 세키네처럼 병원에서 간병하는 가족을 대상으로 상담을 하는 곳도 매우 드문 상황이다. 가족 상담은 니시다 세이코의 제안으로 실현되었다. 의사와 미술가가 환자 치료에 전념하여 좋은 결과를 얻는다고 해도, 가족들의 마음을 보듬지 못하면 그 결과가 지속될 수 없다고 생각했기 때문이다.

치매 환자가 있는 가족은 '눈앞에 있는 환자가 옛날에 건강했을 때 가족을 위해 열심히 일한 사람과 동일한 인물이다.' 라는 사실을 이해하는 데 시간이 걸린다. 다른 사람으로밖에 생각되지 않는 배우자와 같이 사는 스트레스는 일반인의 상상을 초월한다. 환자뿐만 아니라 가족들도 상처를 받고 있는 것이다. 이러한 경우는 제3자가 중간에서 가족들의 이야기를 들어주는 것이 중요하다.

그런데 이때 가족에게 전혀 새로운 인간관을 가지게 할 필요가 있다. 니시다 세이코는, 시간이 걸리더라도 반드시 "무엇인가를 할 수 있어서 사랑받는 것이 아니라, 그저 거기 있는 것만으로 사랑받는 존재이다."라는 존재론적 인간관으로 생각을 전환할 수 있도록 해야 한다고 말한다.

상담가의 역할은 '가족의 이야기를 들어주는 것'에 철저해야한다. 가족 구성원은 가슴에 담겨있는 생각을 토해내고 다른 가족의 이야기를 듣고, 힘든 것은 나 혼자만이 아니라는 사실을 깨달았을 때 용기가 솟아나게 마련이다.

⑦ 프라이버시를 존중해야 한다

의사를 비롯해 임상미술에 관여하고 있는 스태프 모두가 어떤 경우라도 반드시 지키지 않으면 안 되는 것이 프라이버시의 존중이다. 지금까지 언급한 의사, 임상미술치료사, 상담가는 처음부터 결코 서로의 영역을 침범하지 않는다는 약속을 해야 한다. 자신 있는 분야를 담당하고 자기도 즐겁다고 느끼는 일에 전념하여 효과를 발휘할 수 있도록 말이다.

따라서 각자의 입장에서 알게 된 내용에 대해서는 전문 분야에 관한 것을 제외하고는 일체 보고하지 않는다. 특히 가족 간의 미묘한 문제에 관한 내용은 반드시 다른 스태프의 귀에 들어가지 않도록 해야 한다.

의사, 임상미술치료사, 상담가가 자기 역할에만 전념하는 것은 각자가 너무 많은 짐을 질 필요가 없다는 것을 의미하기도 한다. 팀워크의 기본은 서로 간의 신뢰이다. 일본의 의료 행위는 의사가 주도하는 것이 대부분으로, 이러한 협력체제는 아주 드문 경우이다. 이에 대해 니시다 세이코는 다음과 같이 말한다.

"우리가 임상미술을 할 수 있었던 것은 신뢰할 수 있는 의사를 만날 수 있었기 때문입니다. 물론 몇 번이나 시행착오를 겪었고, 가족 상담에 대해서도 처음에는 '병원은 환자를 치료하는 장소이지 가족을 돌보는 곳이 아니다.'라는 견해였습니다. 그러나 상담을 하지 않으면 임상미술도 성립하지 않는다는 판단에 이르렀고, '가족을 지원하는 발상이 없다면 임상미술도 하지 않겠다.'고 양보하지 않았습니다. 기무라 신 선생님도 그런 저희들을 신뢰하고 결국 승낙해주신 겁니다."

지금은 가족 상담이 임상미술의 중요한 포인트가 되었다.

커리큘럼이 만들어지기까지

현재 임상미술 커리큘럼은 약 300종류가 있다. 시작부터 지금까지 같은 커리큘럼을 반복하지 않는 이유는 스태프가 항상 새로운 기분으로 현장에 설 수 있도록 하고, 몇 년이나 미술치료에 참가하고 있는 가족들이 싫증내지 않고 다닐 수 있도록 하기 위해서이다.

환자 가족이 미술의 매력에 눈을 떠서 가족 중 두 명이나 참가하는 날도 있으며, 여름방학에는 손자까지 데리고 오는 사람도 있다. 완벽한 커리큘럼은 스태프의 끊임없는 연구로 완성되어진다.

커리큘럼은 3개월에 한 번, 임상미술치료사 전원이 제출한 평균 약 40종류의 안(案) 중에서 커리큘럼 위원회에 의해 9개 안이 선정된다. 이 선정 회의는 임상미술치료사의 진정한 실력이 시험되는 곳이기도 하여, 각 임상미술치료사는 교재를 연구하고, 시험 작품을 제작하는 등의 노력을 거듭해 나간다.

채택이 결정된 커리큘럼은 곧 시험 작품 제작에 들어간다. 재료, 커리큘럼, 지도안을 지참하고 다른 스태프와 같이 실제 제작에 들어간다. 이 단계에서, 사용하는 재료의 안전성이나 냄새에 불쾌감이 없는지 등도 체크한다. 손에 힘이 없는 사람들을 위해서 대체할 수 있는 소재나 다르게 만드는 법 등을 서로가 납득할 수 있을 때까지 토론한다.

최종적으로 '우뇌를 활성화시키는 내용인가?' '그냥 단순한 작업만으로 끝나는 것은 아닌가?' '환자가 결단하지 않으면 안 될 작업순서는 있는가?' 등의 심의를 거친 후, 커리큘럼 위원회 위원장의 승인이 나면 그제야 새로운 커리큘럼이 탄생된다.

승인을 받지 못하면 다시 처음부터 재검토와 재시도를 한다.

이렇게 임상미술치료사는 인내와 열정이 없으면 할 수 없는, 보이지 않는 작업을 계속해나가야 한다.

커리큘럼 결정 후에도 소동은 계속된다

커리큘럼의 채택이 정해지면 임상미술치료사의 교재 준비가 시작된다. 실물 모티프를 사용하므로 사람 수에 맞게 준비하기 위해서는 상당한 준비가 필요하다. 야채나 과일 종류는 미리 준비한다. 가게에서는 처음에 '마늘 50쪽, 호박 10개' 라는 주문을 이상하게 여겼다고 한다.

닭이나 거북이 등 살아 있는 동물은 전문 대여업자에게 빌린다. 지금까지 제일 화제가 된 일은 스태프가 기르고 있는 개를 모델로 사용했던 일이다. 그 개는 아주 얌전해서 워크숍이 진행되는 두 시간 동안 한 번도 짖지 않고 가만히 앉아 있었는데, 그 모습에 반해 또 데리고 오라는 사람들의 요청이 끊이질 않았다. 물론 완성된 작품들도 생동감 있고 훌륭했다.

실물 모티프는 약 일주일 동안 교실에서 활약을 하게 되는데, 그러한 과정에서 관엽식물은 시들기도 하고, 마늘을 사용했을 때는 그 냄새가 온 교실에 퍼져 견딜 수 없다는 불평이 쇄도하여 서둘러 피망으로 대신하기도 하는 해프닝도 있었다.

한편, 환자가 임상미술치료사의 기대를 훨씬 뛰어넘는 훌륭한 작품을 완성했을 때는 그 기쁨이 강사 보고서에 듬뿍 담겨진다. 수업이 끝나면 곧 반성에 들어간다. 새로운 커리큘럼을 처음으로 실시한 현장의 긴장은 말로 표현할 수 없을 정도이다. 그러나 임상미술치료사는 전문적인 태도로 커리큘럼을 환자들에게 훌륭히 전달하고 자기도 지도안대로 작품을 만들어간다.

실패는 절대로 허용되지 않는다. 석고를 재료로 사용할 때는, 제대로 굳지 않으면 어떻게 할까 하는 조바심에 안절부절하지 못한다. 현장에서의 반성을 포함한 보고서는 각 팀에게 전달된다. 그리고 그에 따라 지도안의 개정이 이루어진다.

이렇게 하여 임상미술치료사 몇 사람의 손때가 묻은 지도안이 3개월에 한 번, 모든 임상미술치료사가 한자리에 모이는 반성회의로 회부된다. 여기서 지도안은 더욱 다듬어져 다음번 커리큘럼의 참고자료가 된다.

세월이 흐르면 작품이 쌓이게 된다. 환자가 제작한 작품은 그 자리에서 디지털 카메라로 사진촬영을 하고 소중하게 보관한다. 실물은 본인들이 가지고 간다. 때에 따라서 작품을 엽서로 만들거나, 작품집으로 묶거나 하여 본인에게 선물하기도 한다.

이미 세상을 떠난 환자들의 작품은 가족에게는 둘도 없이 소중한 작품이 된다.

한 스태프는 이렇게 말한다.

"어느 날 임상미술치료사의 머릿속에 떠오른 아이디어가 형태가 되고, 환자의 뇌를 자극하여 그것이 치매의 개선으로 이어집니다. 그리고 작품이 남고, 그 사람이 살아온 확실한 흔적으로 이어지게 됩니다. 이렇게 보람이 있는 일은 아마 없을 것입니다."

세계의 동향에 관심을 가지고 – 영국에서의 체험

임상미술을 시작한 지 2년째인 1998년 가을, 기무라 신과 니시다 세이코 등이 영국의 스코틀랜드 지방을 방문했다. 방문한 곳은 런던 교외에 있는 허트퍼드셔 대학교와 에든버러에 있는 퀸 마거릿 대학교였다.

두 대학을 방문한 이유는 예술치료사 육성 커리큘럼, 예술치료사라는 직업의 다양성, 예술치료 현장에 대해 소개받기 위해서였다. 두 학교 모두 자폐증 어린이들을 위한 치료를 비롯하여, 다양한 예술치료를 전개하고 있었다. 다음은 니시다 세이코의 보고서이다.

● 허트퍼드셔 대학교

이 대학의 예술 · 디자인 학부와 예술치료 학부는 굴지의 명문이다. 우리들의 임상미술 수준을 검증하기에도 적절한 장소였다.

먼저 "영국에서의 예술치료(Art therapy)란 무엇입니까?"라는 질문을 했다. 예술·디자인 학부장인 크리스토퍼 맥크린타일 씨는 "예술치료는 예술이라는 틀 속에서 행해져야 하며, 먼저 예술을 배우는 것이 중요하다고 생각합니다."라고 명확하게 대답했다.

예술이냐, 심리분석이냐의 논쟁은 긴 시간 계속 되어온 것이며, 아직도 계속되고 있다. 영국예술치료협회는 예술치료를 예술심리치료(Art Psycho Therapy)라고 명명하자는 흐름에 대해서는 아직 공식적인 승인을 하지 않은 상태이다.

한편, 미국의 예술치료는 어떤 상황인지 살펴보겠다. 1997년 우리 스태프의 조사 보고서에 의하면 미국에는 정신분석에 관련된 심리요법에 기본을 둔 흐름과, 환자가 그린 작품의 의미를 추구하는 것보다는 오히려 '표현활동 그 자체가 개인에게 미치는 효과를 중시한다.'라는 두 가지의 흐름이 있다고 한다.

영국의 대학 자료에는 "예술치료는 시각적인 예술과 심리요법으로 성립되는 학문이다."라고 정의하고 있다. 영국에서는 미국만큼 정신분석의(Psychologist)에 관련된 접근방법이라는 인상은 받지 않았다.

일본 예술치료의 주류는 오로지 정신분석에 관련된 접근방법이다. 미술가 쪽에서 접근방법을 시도한 것은 아마도 우리가 처음이 아닐까 생각된다. "일본의 그러한 환경 속에서 어떻게 의사나 가족을 돌보는 카운슬링까지 포함한 이상적인 그룹이 생겼는가?"라는 질문을 받고 우리들의 입장을 말하자 높게 평가해주었다.

허트퍼드셔 대학교의 예술치료 학부는 미술치료, 드라마치료, 음악치료, 댄스동작치료의 네 가지로 나누어진다. 예술치료 학부 졸업 후에는 석사과정에 진학하는데 여기서 처음으로 예술치료의 길이 열린다.

대학원에서는 예술치료 실천 워크숍, 제작, 에세이 등 이론, 실천, 임상이 반복된다. 예술치료 박사과정에서는 한층 더 이론의 기본을 쌓아 실천하며, 실천의 전개를 위한 리서치에 중점을 두고 있다.

우수한 학생에게는 예술치료 학위의 상급 트레이닝이 준비되어 예술 작품의 역량을 시험하는데, 여기서는 예술가로서의 독자성이 나타나는 작품이 요구된다.

이렇게 예술치료사가 되기까지 장애가 많은 이유를 물어보자, 맥크린타일 씨는 "예술치료사를 동경하여 공부하고 싶어 하는 학생은 많지만, 어려운 상황을 설정함으로써 차례차례로 탈락시키고, 마지막에 남는 사람만이 진정한 치료사로서의 길을 갈 수 있도록 하기 위해서입니다. 특히, 1년 내지 2년간 무월급 실습을 하는 과정에서 많은 사람이 탈락합니다."라고 대답했다.

영국에서 예술치료사가 내셔널 헬스 서비스(National Health Service)라는 전문직으로서 지위를 얻은 것은 1946년, 예술치료의 전문성이 확립된 것이 1950년, 그것이 공식적으로 인정된 것이 1981년이다.

영국에서는 예술치료사에게 국가자격증을 주고 있다. 현재는 의료팀의 구성원으로서 인정받아, 사회사업가나 의사와 같이 일하고 있다. 그러나 처음부터 모든 병원이 같은 의견은 아니었기 때문에 의료 분야에서 지금의 지위를 확립할 수 있었던 것도 최근의 일이라고 한다.

"예술치료는 어떻게 평가됩니까?"라고 물어보자, "데이터를 통해 증명된 효과보다는 먼저 제3자가 효과가 있다고 인정하는 점이 평가됩니다."라는 흥미로운 대답을 했다.

우리가 "효과가 있다는 것을 어떻게 증명합니까?"에 대해 몇 번이나 다짐을 받으려 하자 "왜 그렇게 효과의 증명에 구애를 받으려 하십니까?"라는 반응을 보였다. 이 점은 양쪽 대학 모두 같았다. 예술치료는 의학적 연구라기보다는 바람직하다라는 방향으로 인정되는 것이라는 냉정한 대답을 들었다.

● 퀸마거릿 대학교

1875년에 설립된 퀸마거릿 대학교에서는 영국의 예술치료협회에서 인정한 예술치료사 육성 커리큘럼 설명이 있었다. 많은 장애물을 통과한 예술치료사가 활약하는 분야는 치매노인, 범죄자, 난민, 학대받은 여성들 등 다양했다.

에든버러 시내에 있는 에든버러 대학교의 헬스 멘틀 프로젝트가 시행되고 있는 '디딤돌(Stepping Stone)'은 가벼운 증상의 사람들이 다니는 곳으로, 여기서 일하는 예술치료사는 퀸마거릿 대학교의 졸업생들이었다.

정신장애가 있는 사람뿐만 아니라 에든버러에 사는 시민은 누구라도 이 서비스를 받을 수 있다. 본인이 만든 작품을 소중하게 우리들에게 설명하는 모습을 보고, 일본과는 다른 예술치료가 일상생활에 성공적으로 정착하고 있는 것을 실감했다.

에든버러 시의 복지과가 운영하고 있는 세인트헬렌스센터라는 일일 서비스 시설은 학습장애가 있는 성인을 위한 센터로 주택가에 위치하고 있으며 건물도 고풍스럽고 멋있다.

이곳에 다니고 있는 사람들은 얼마 전까지 병원에서 격리된 상황에서 살고 있었던 사람들로, 지금까지 우리가 만난 사람들 중에서 장애가 가장 심했다. 참고로 영국의 예술치료사는 90%가 여자이며, 지도교수는 남자의 비율이 상대적으로 높다. 여자가 사람을 치유하는 일에 많은 흥미를 가지고, 또한 기존 직업에서 방향을 전환하여 자기 나름대로의 길을 걷는 것에 주저하지 않는 모습은 일본과 같았다.

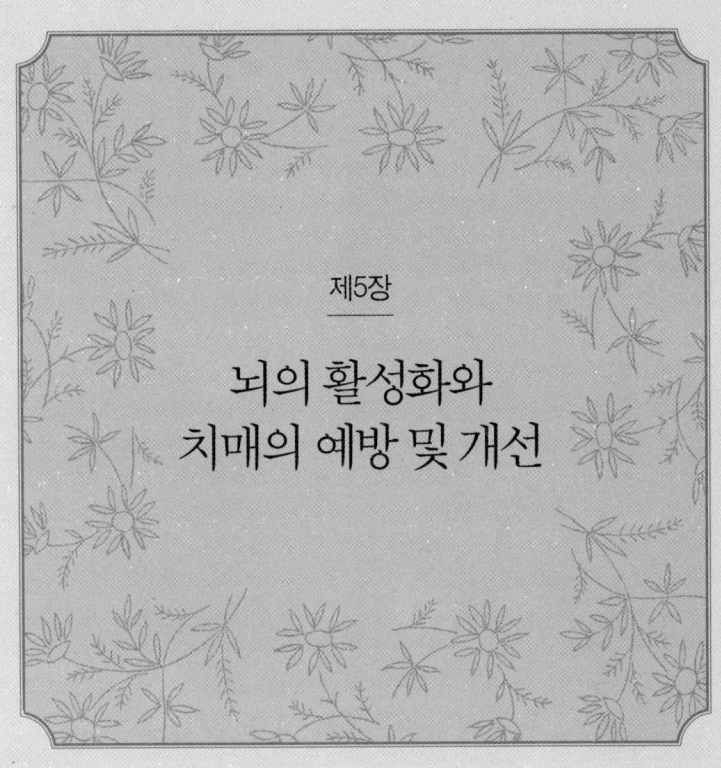

제5장

뇌의 활성화와
치매의 예방 및 개선

치유되는 치매와 치유되지 않는 치매

치매는 정상적으로 발달한 지적 기능이 지속적으로 저하하여 사회생활에 지장을 초래하는 질환을 총칭하는 말이다. 일본에서는 뇌혈관이 변하는 뇌혈관성 치매와 알츠하이머를 2대 원인으로 간주하고 있는데, 이는 전체 치매의 약 75%를 차지하고 있다.

현재 알츠하이머의 치료법은 없다. 약으로 진행을 늦추는 것은 가능하지만 회복시킬 수는 없다. 뇌혈관성 치매도 치료가 불가능하다는 견해가 지배적이다. 그러나 최근에는 고혈압증, 당뇨병, 고지혈증(高脂血症), 동맥경화를 초래하는 병의 예방법과 치료법이 널리 알려져 뇌혈관성 치매를 예방하거나 적절한 치료로 증상이 진행되는 것을 방지할 수 있게 되었다.

또한 갑상선 기능 저하, 고혈당, 저혈당, 저(低) 나트륨혈증(체내의 미네랄 불균형), 뇌종양, 뇌척추액 순환장애, 비타민 결핍증, 감염증 등에 동반된 치매는 '치료 가능한 치매'로 분류되어 적절한 치료를 하면 상당한 개선효과를 볼 수 있게 되었다.

치매라는 진단을 받아도 그중에는 수면제, 진통제, 항히스타민제 등이 원인이 되어 치매로 잘못 진단된 경우도 있다. 초기에 약을 복용하지 않으면 치매 증상은 없어지지만, 증상이 진행되었다면 회복할 수 없다.

치매성 질환에 관해서는 예방과 조기치료가 중요하다.

조기 진단법

먼저 간단한 진단법 세 가지를 소개하고자 한다. 어느 것이나 특별한 기기를 필요로 하지 않으므로 손쉽게 테스트할 수 있다. 이 테스트의 결과가 조기진단으로 이어진다.

① 치매 초기 증상 체크표〈표 1〉

이것은 성(聖)마리안나 의료대학 신경정신과에서 작성한 것이다. 5항목 이상 해당되면 얼마 후에 다시 한 번 실시한다. 처음보다 늘어났다면 주의를 요하는 대상이다.

② 2단계 방식 문진표〈표 2〉

열거된 1~10개의 증상 중에서 4개 이상에 ○가 나오면 주의해야 한다.

③ 가나 히로이 테스트〈표 3〉

신경 심리 테스트에 의한 조기 발견법으로 가장 유명한 방법이다. 모든 문자를 히라가나로 전환한 전래동화를 읽으며, 모음에 표시를 하면서 동화의 내용을 파악하는 테스트이다. 나이별 기준점을 참고하여 표시한 모음 수로 치매를 체크한다.

〈표 1〉 치매 초기 증상 체크표

장애	증상
지적 기능 기명(記銘), 기억 지남력(指南力) 계산력 대화 이해도 등	☐ 사물의 이름이 기억나지 않는다. ☐ 물건을 사용하고 그대로 두거나 정리하는 것을 잊어버리는 일이 많다. ☐ 복잡한 TV 드라마를 이해할 수 없다. ☐ 계산이 틀리는 일이 잦아졌다. ☐ 매일 내리는 역을 잊어버린다. ☐ 메모를 자주 하게 되었다. ☐ 날짜를 틀리고 약속장소나 시간을 잊어버린다.
일상생활 기능 가사, 신변정리 옷 갈아입기 목욕, 청결 등	☐ 수도꼭지나 가스 잠그기를 자주 잊어버린다. ☐ 익숙한 곳인 데도 길을 잃어버린다. ☐ 치장하는 것이 귀찮다. ☐ 목욕, 머리감기, 세안, 양치질이 귀찮아졌다. ☐ 냄비를 태우거나 목욕탕 물을 잠그지 않는 등의 실수가 눈에 띈다. ☐ 혼자서 외출하는 횟수가 줄었다.
감정	☐ 화를 잘 내고 눈물이 많아졌다. ☐ 침울해진다. ☐ 끈기가 없어졌다.
의지, 의욕	☐ 흥미 감소 또는 흥미를 가져도 별로 관심이 없다. ☐ 자신이 없어졌다.

(Clinician vol.48 No.506에서 인용)

〈표 2〉 30항목 문진표

자주 나타나는 증상을 체크하여 해당 항목의 왼쪽 공란에 ○
표를 한다.

	(1) ○가 4개 있으면 가벼운 치매
	1. 무표정, 무감동의 경향이 있다.
	2. 멍하게 있을 때가 많아졌다.
	3. 삶의 보람을 모르겠다.
	4. 끈기가 없고 전혀 계속할 수 없다.
	5. 발상이 빈약하며 획일적이다.
	6. 하루나 일주일의 계획을 혼자서 세울 수 없다.
	7. 3개 이상의 용건을 동시에 병행할 수 없다.
	8. 반응이 늦고 우물쭈물한다.
	9. 같은 말을 반복하고 묻는다.
	10. 상대방의 의견을 듣지 않는다.

	(2) ○가 4개 더 추가되면 중간 치매
	11. 몇 번이나 들어도 날짜가 애매모호하다.
	12. 몸차림에 신경이 쓰이지 않는다.
	13. 지금까지 해온 가사일이나 간단한 일을 할 수 없다(빨래 정리, 풀 뽑기 등).
	14. 가스·전기 끄기, 수도 잠그기를 자주 잊는다.
	15. 요리가 잘 안 되어 맛이 이상하다.
	16. 약을 잘 안 먹어 가족들의 주의를 받는다.
	17. 계절이나 목적에 맞는 옷을 선택할 수 없다.
	18. 어제의 일을 완전히 잊어버린다(예를 들어, 어제 모임에서 생긴 일을 잊어버리는 것이 아니라 모임이 있었다는 사실 자체를 잊어버린다).
	19. 돈이나 자기 물건을 넣어둔 장소를 잊어버려 '누가 훔쳐갔다.' '누가 버렸다.'고 소동을 벌인다.
	20. 간단한 계산을 할 수 없다.

(3) ○가 3개 더 추가되면 중증 치매

21. 동거하는 가족의 이름과 관계를 잊어버린다.

22. 더러운 속옷을 그대로 입고 있다.

23. 옷을 혼자서 입지 못하고 상의에 발을 넣기도 한다.

24. 목욕하는 것을 싫어한다.

25. 식사한 것을 금방 잊어버린다.

26. 가끔 집의 방향을 잊어버린다.

27. 일상생활(식사, 목욕, 배변)에 도움이 필요하다.

28. 혼잣말이나 같은 말을 반복하는 일이 많아진다.

29. 아무도 없는데 '누가 있다.' 고 한다.

30. 대소변을 실수하고 깨끗이 치우지 못한다.

(Clinician vol.48 No.506에서 인용)

〈표 3〉 가나 히로이 테스트

가나 히로이 테스트는 전두엽의 건전성을 알아보는 테스트이다. 다음 가나 문장의 의미를 파악하면서 동시에 'あ, い, う, え, お'에 ○표를 한다(제한시간 2분).

· 연습문제 ·

ももたろうは, きじといぬとさるをけらいにして, おにがしまへ,
おにたいじにいきました.

· 본문제 ·

むかし, あるところに, ひとりぐらしのおばあさんが いて, とし

を とって, びんぼうでしたが, いつも ほがらかに くらしていま
した. ちいさなこやに すんでいて, きんじょの ひとの つかいは
しりを やっては, こちらで ひとくち, あちらで ひとのみ, おれい
に たべさせてもらって, やっとそのひぐらしを たてていました
が, それでも いつも げんきで ようきで, なにひとつ ふそくはな
いと いうふうでした.
ところが あるばん, おばあさんが いつものように にこにこしな
がら, いそいそと うちへ かえるとちゅう, みちばたのみぞのなか
に, くろい おおきな つぼをみつけました. 「おや, つぼだね. いれ
るものさえあれば べんりなものさ. わたしにゃ なにもないが. だ
れか, このみぞへ おとしてつったのかねえ」と, おばあさんは もち
ぬしが いないかとあたりを みまわしましたが, だれも いませ
ん. 「おおかた あなが あいたんで, すてたんだろう. そんなら こ
こに, はなでも, いけて, まどにおこう. ちょっくら もっていこう
かね」こういって おばあさんは つぼのふたを とって, なかをの
ぞきました.

(출전 : 영국민화 〈장난꾸러기 귀신〉 중에서)

테스트에 대하여

테스트를 하는 동안 글자를 읽고, 표시를 하며, 내용을 기억하는 등 여러 가지 일
이 동시에 진행된다. 이 모두를 바르게 조절할 수 있는 주의분배능력이나 제한시
간 내에 몇 개를 할 수 있는지에 대한 수행능력 등 전두엽의 기능이 연령별로 유
지되고 있는가를 테스트하는 것이다.

연령에 따라 득점이 내려가는 것은 자연스러운 현상으로 합격기준치 안이라면

걱정할 필요가 없다. 불합격한 경우만 다음 단계인 MMSE 테스트를 하도록 한다.

● 표시한 개수

42개 이상 ──── 30대 평균 이상

37개 이상 ──── 40대 평균 이상

32개 이상 ──── 50대 평균 이상

24개 이상 ──── 60대 평균 이상

22개 이상 ──── 70대 평균 이상

19개 이상 ──── 80대 평균 이상

● 요주의

60대로 10개 이하인 분

70대로 9개 이하인 분

80대로 8개 이하인 분

다음은 전문기기를 사용한 조기진단법이다. 첫 번째는 뇌혈류를 조사하는 방법이다. 치매증이 발병하면 뇌에 흐르는 혈류가 저하된다. 특히, 알츠하이머에서는 두정엽(頭頂葉)에서 측두엽(側頭葉)의 뇌혈류가 저하된다.

뇌혈류가 저하되는 부위를 진단하는 것이 '뇌혈류측정장치(SPECT : 스펙트)이다. 미노시마나 코쿠레가 새로운 화상통계 해석수법을 응용하여 치매증 초기에 후대상회(後帶狀回)나 설전부(楔前部)에서 당대사(糖代謝)나 혈류 저하 현상이 발생하는 것을 확실히 밝혔다. 이를 통해 알츠하이머의 조기진단법에 길이 열렸다.

그 밖에 뇌파해석을 이용한 조기진단법이 있다. 뇌파검사는 신경세포 기능을 직접 측정하는 유일한 검사법이다. 치매에 걸리면 신경세포가 사멸하며 결과적으로 뇌 전체의 기능이 저하해서 여러 가지 증상이 나타나게 된다. 그 때문에 뇌파검사는 치매 검사에 오래전부터 사용되어 왔다. 그러나 정량성(定量性)에 문제가 있어 유효한 검사법으로 자리잡지는 못했다.

뇌기능연구소의 무샤 도시미츠[武者利光]가 개발한 DIMEN-SION(디멘션)은 뇌파를 해석하고 뇌 전체의 기능을 수치화하는 방법이다. 이로써 뇌기능의 정상상태에서부터 중증의 기능장애까지 판정할 수 있어 치매증의 조기진단이 가능해졌다. 뇌파검사는 간단하기 때문에 여러 가지 치료법의 유효성을 직접 평가할 수 있다는 이점이 있다.

이 진단법은 치매증이 악화되기 전에 뇌의 이상을 찾아낼 수 있는 검사법이다. 예방치료의 관점에서 유효한 검사법이라고 할 수 있다. 그러나 이러한 검사를 통해 이상이 발견된다고 해서 나중에 반드시 치매증에 걸리는 것은 아니다. 실제 운용에는 더욱 신중해야 한다.

뇌기능을 활성화한다

알츠하이머는 신경세포가 사멸함으로써 일어난다. 그러나 사멸하는 원인을 정확히 밝혀내지 못해 예방법은 아직 확립되어 있지 않은 상태이다.

그러나 치매증은 모두가 신경세포의 사멸로 일어나는 것이 아니라 여러 가지 외적 요인에도 영향을 받는다고 한다.

예방치료법으로는 뇌기능에 악역향을 미치는 외적 요인을 배제하는 것이 효과적이다.

알츠하이머의 위험인자로는 출산시 산모의 연령, 환자 본인의 연령 등 본인의 노력으로서는 어쩔 수 없는 것으로 알려졌다. 그러나 계속되는 연구를 통해서 여러 가지 인자가 명확히 밝혀졌다.

지금까지 지적되어온 인자로 '타인과의 교제가 적다.' '취미가 없다.' '운동을 하지 않는다.' '책이나 신문을 읽지 않는다.' '기타 활동적인 생활을 하지 않는다.' 등이 있다.

이런 것들은 우리의 노력에 따라 극복할 수 있는 인자들이므로 예방법으로써 일상 생활습관의 개선을 도모하는 것이 중요하다.

다음과 같은 것에 유의하면 치매를 예방할 수 있다.

사람들과 교유를 늘린다.

매일 산책이나 체조를 한다.

매일 정해진 일을 한다(정원 손질, 식사 후 뒷정리, 설거지, 청소, 밭일 등).

외출, 여행 등을 자주 한다.

뇌기능을 활성화하는 방법으로 다음과 같은 것도 효과가 있다.

음악을 듣는다.

악기를 다룬다.

노래를 부른다.

그림을 그리거나 도자기를 만든다.

스포츠에 참가한다(게이트볼, 테니스, 댄스 등).

시, 시조, 수필, 다도, 꽃꽂이, 서예 등을 한다.

알츠하이머형 치매

치매의 예방을 위해서 먼저 치매에 대한 최근의 견해를 좀 더 자세히 소개하고자 한다.

치매는 한마디로 말하면 뇌의 신경세포가 점점 죽어가는 병이며, 이를 고치는 방법은 여러 나라에서 연구되고 있다. 알츠하이머로 인해 신경세포가 급속히 죽어가는 속도는 놀랄 정도로 빠르며, 그 원인을 밝히기 위해 유전자 레벨의 연구가 한창 진행중이다. 그렇다고 해서 '어느 날 아침 일어났더니 갑자기 치매에 걸렸다.'는 등의 일은 있을 수 없다.

치매는 서서히 진행된다. 이 말은 세포 기능이 정지되어 있는 기간이 있으며 그 정지기간이 길어짐에 따라 세포가 서서히 죽어가는 것이 아닐까 라는 추측에서 나온 것이다.

치매의 예방과 치료의 기본적인 생각은 세포 기능이 정지하고 있는 기간에 세포를 활성화시켜 죽지 않도록 하는 것이다.

현재는 신경세포가 급속하게 죽어가는 것을 막는 방법을 아직 발견하지 못했지만 최근에는 치매 중에서도 뇌혈관성 치매의 경우라면 예방이 가능하다고도 한다. 뇌경색(腦硬塞)이 되지 않도록 주의하면 된다. 그러므로 일상적인 관리를 확실히 하면 된다. '되도록이면 빨리 진단한다.'라는 것이 최상의 예방법이다.

여기서 알츠하이머 치매에 대해서 생각해보자.

보통, 알츠하이머는 예순다섯 살 이전에 증세가 나타나지만, '알츠하이머형 치매'는 예순다섯 살 이상이나 좀 더 늦은 일흔 살 전후부터, 대개는 '건망증'으로 첫 증세가 나타난다고 한다.

그러나 '건망증'인 고령자가 전부 치매증이 되는 것은 아니다. 오히려 치매가 되지 않고 정상적으로 생활하는 사람이 더 많다.

또한 '치매증에 걸리면 가정생활이 붕괴되어 불행의 나락에 빠진다.'라고 생각하는 사람도 많지만, 반드시 그렇지도 않다. 적절한 치료를 통해서 다소 장애는 있어도 일상생활을 정상적으로 하는 사람도 많다.

이러한 내용을 이해한 다음, 치매예방을 위해 적극적으로 생활하는 태도가 도움이 된다.

'좋다' '싫다'는 감정이 가장 기본

신경세포가 살아 있는데 기능하지 않는 상태를 '잠들어 있는 상태'라고 하자. 그럼, 이 잠들어 있는 상태의 세포를 다시 활성화하려면 어떻게 하는 것이 좋을까?

도호쿠대학 대학원 교수인 야마도리 아츠시[山鳥重]의 주장에 따르면, 뇌는 새로운 것을 봤을 때 다음과 같은 과정으로 움직인다고 한다. 우선, 새로운 환경에 접하게 되면 인간이 하는 최초의 정보처리는 '좋다.' 또는 '싫다.'라는 감정으로 시작된다.

예를 들어 '배가 고프다.'라고 느끼고 '밥을 먹자.'라고 생각했을 때 고기를 먹을지, 생선을 먹을지 또는 라면을 먹을지, 스파게티를 먹을지 등을 생각한다. 이와 같이 뇌의 활동은 기본적으로 '좋다.' 또는 '싫다.'라는 감정에서 시작되는 것이다.

이것이 정해진 다음에 논리적인 감정처리가 이루어진다. '식당이 깨끗하다.'든지 '이 야채는 신선도가 좋다.'든지 또는 '평판이 좋다.'든지, '가격이 싸다.'든지 하는 분석을 할 수 있다. 그 결과, '여기서 음식을 먹자.'라는 행동으로 옮겨지는 것이다.

이렇게 해서 인간의 행동이 정해진다. '나는 논리적 인간이다.' 라는 사람도 있지만, 이론만으로 행동이 시작되는 것은 아니다. 감정이 가장 기본이 된다.

이 과정을 치매에 대입해보자. 흐름을 거꾸로 생각하면 이해하기 쉽다. 먼저 결단을 내릴 수 없기 때문에 행동할 수가 없다. 이윽고 논리적으로 인식하는 것도 불안해진다. 그러나 '좋다.' 또는 '싫다.' 라는 감정은 마지막까지 남아 있다.

즉, 치매증 환자와 이야기할 경우에는 자고 있는 세포를 깨우기 위해 뇌에 마지막까지 남아 있는 '좋다.' 또는 '싫다.' 라는 감정기능을 자극하는 것이 효과적이라고 할 수 있다.

치매의 비약물요법에서 힌트를 얻는다

예술치료 즉, 예술을 이용한 치료는 유럽이나 미국에서는 오래전부터 실시되어왔다. 유럽과 미국에서는 국가자격으로서 '예술치료사' 를 인정해주고 있다. 유럽과 미국에서 실시되고 있는 예술치료는 '심리치료' 의 범위에 속해 있다. 이 치료는 예를 들어, 분열증의 환자나 범죄자가 사회복귀를 하는 경우, 또는 여러 가지 차별을 받고 있는 난민이나 마음의 병을 앓고 있는 사람들의 심리를 안정시키기 위해 실시하고 있다.

심리치료란 환자가 그리는 그림 속에 환자의 상황이 반영된다는 것이다.

어머니의 얼굴을 빨갛게 그리는 환자가 있다고 하자. 치료사는 환자와 이야기를 한다.

"왜 어머니의 얼굴이 빨갛지요?"

이에 대해 환자는 "어머니는 자꾸만 화를 내요."라고 대답한다.

"왜 자꾸 화를 내지요?"라는 질문 등을 하다가 이번에는 주위에 그려진 경치를 보고 이야기한다.

"굉장히 파란색이 많은데요?"

"오늘은 기분이 별로에요."라는 식으로 대화를 계속해 나간다.

이런 대화 속에서 환자는 자기 자신이 깨닫지 못하는 사이에 마음속에서 느끼고 있는 것을 무의식적으로 표현하게 된다.

환자의 마음속에 있는 문제를 인식하고 치료에 도움을 주는 것이 심리치료이다. 심리치료에는 미술치료 이외에 음악을 사용한 음악치료나 댄스를 이용한 동작치료 등도 있다. 극중에서 심리적 효과를 얻기 위해 연극을 하는 치료 방법도 있다.

예술치료는 '작업치료'로써 사용된다. 작업치료는 재활치료의 하나이다. 이는 원래 예술이 가지고 있는 즐거움과 무언가를 만드는 것에 의해 뇌가 자극된다는 효과를 노린 것이다.

● 리얼리티 오리엔테이션

치매에는 여러 가지 비약물요법이 시도되고 있으며 그중에서도 '리얼리티 오리엔테이션'은 잘 알려진 방법이다. '여기는 어디입니까?' '저는 누구입니까?' '당신은 몇 살입니까?' 등 날짜와 시간, 장소, 사람 등에 대하여 환자와 치료사가 이야기를 이끌어간다. 그렇게 함으로써 치매 환자에게 '현재'에 대한 인식을 심어줄 수 있기 때문이다.

● 회상법

회상법도 비교적 잘 알려져 있다. 예를 들어 어린 시절의 즐거웠던 이야기나 어머니에 대한 추억 등 과거의 이야기를 함으로써 기억력을 불러일으키는 방법이다. 이 연습을 반복함으로써 기억하는 기능이 강화된다.

● 행동관리

행동관리 하면 보통 '저것은 하면 안 된다.'든지, '저기에 가면 안 된다.' 등과 같이 행동을 규제하는 것을 상상하기 쉽지만 사실은 정반대이다. 예를 들어 좋은 일을 하면, '정말 훌륭하다.'라고 칭찬한다. 칭찬을 받은 사람은 '이걸 하면 칭찬을 받는구나.'라며 다음에 다시 같은 일을 한다. 정상적인 행동을 자꾸 하게 만들고 평가함으로써 더 좋은 방향으로 이끌어간다. 즉 환자의 의욕을 북돋워주는 방법이다.

모든 요소를 포함한 임상미술치료

임상미술치료는 잠자고 있는 세포를 깨우기 위해 예술조형연구소에서 독자적으로 시행착오를 거듭한 결과 고안해낸 방법이다. 임상미술치료에서는 그림을 그리거나 조각, 도예를 함으로써 치매 환자의 뇌기능을 활성화시켜 의욕을 개선하는 것을 목표로 한다. 또한 즐겁게 창작할 수 있도록 다양한 방법이 고안되었다.

예를 들어, 히나마쓰리〔雛祭: 3월 3일에 작은 인형을 제단에 장식하고, 식혜·떡·복숭아꽃 등을 차려놓고 여자아이의 행복을 비는 행사〕에 모인 환자들에게 "오늘은 무슨 날이지요?"라고 묻는다. 그러면 "히나마쓰리."라는 대답이 돌아온다. "히나마쓰리는 몇 월에 있지요?"라는 이야기부터 시작해 어렸을 때의 추억을 각자 이야기한다. 그러면 여러 가지 이야기가 나온다. 다른 사람의 이야기를 듣고 잊어버리고 있었던 자기만의 히나마쓰리 추억을 되새기게 된다. 그런 다음 히나마쓰리에 대한 노래를 부른다. 여기는 리얼리티 오리엔테이션, 회상법, 음악요법 등의 정수가 골고루 들어 있다.

실제로 창작이 시작되면 환자들은 자기 마음에 드는 소재를 고르거나 좋아하는 색의 물감을 선택한다. '재료를 고른다.'는 행위 자체가 치료사의 칭찬 대상이 된다. 이것이 행동관리의 하나이다. '이것을 고른 것은 이런 점이 좋습니다.'라는 식으로 칭찬을 자주 한다. 이로써 환자는 자기가 결정한 일에 대해 동기부여가 생기게 된다. 재료를 고른 다음 창작에 들어가서도 그저 묵묵히 하는 것이 아니다. 예를 들어 옆에 있는 임상미술치료사에게 "나는 어렸을 때는 이런 어린아이였다."라는 등의 이야기를 하면서 만들어간다. 대화를 나누는 행위 자체에 심리적인 효과가 있어 작품에도 좋은 영향을 미치며, 그것이 그대로 작품에 표현되기도 한다. 작품에 대한 결과가 아니라 만드는 과정에 의미가 있는 것이다.

이처럼 임상미술 강의는 다양한 요소의 조합이라 할 수 있다. 단지 그림을 그린다든가 작품을 만드는 치료법과는 다르다. 임상미술은 단순한 심리효과, 심리요법의 예술치료와는 다른 독자적인 접근방법을 시도한다.

스트레스의 권유

1년간 임상미술치료 강의에 참가한 환자들의 뇌파에서 측정된 감정변화와 간단한 지능 테스트인 MMSE를 실시하여 그 결과를 검증했다. MMSE는 치매 환자의 뇌기능 정도를 나타내는 간편한 지표로써 세계적으로 사용되는 검사법이다.

검증에 따르면 뇌기능 개선에는 적당한 스트레스와 느낌이 좋은 스트레스를 주는 것이 효과적이라는 사실이 밝혀졌다. 치료 중에도 적당한 스트레스를 느끼면서 즐겁게 작업하는 환자들은 MMSE가 개선되었으나, 스트레스를 별로 느끼지 않고 그저 편한 마음으로 즐겁게 작업한 환자들은 오히려 MMSE가 악화된 것으로 나타났다.

이것은 치매 예방 연구에 매우 중요한 점이다. 여기에서는 일반적으로 고령자를 편하게 하려는 나머지, 될 수 있는 한 쓸데없는 스트레스를 주지 않으려고 노력하고 있다. 그러나 이러한 배려는 오히려 역효과를 가져올 수도 있다. 책임 있는 어른의 한 사람으로서 여러 가지 일에 적극적으로 참여하게 하여 책임을 완수하도록 하는 것이 중요하다.

치매에 관한 예방과 치료는 아직 확립되어 있지 않지만, 도호 쿠복지대학 감성복지연구소의 임상미술팀에서 미술치료가 치매 치료에 효과를 발휘하고 있으므로 예방에도 효과가 있지는 않을까 하여 검토한 적이 있다. 그 결과를 살펴보면 다음과 같다.

먼저, 미술치료가 장기적으로 어떠한 효과를 가져오는지 정상 노인 24명에게 조사를 실시하여 MMSE를 지표로 검토했다(그림 1 참조).

MMSE는 30점 만점이다. 치료 개시 전(〈그림 1〉의 ○점선)에 29점 이하였던 16명이 치료 후 어떻게 변화했는지를 조사했다. 치료 6개월 후(〈그림 1〉 ●실선)의 결과로 MMSE가 개선되었음을 알 수 있다.

다음은 뇌파해석으로 뇌기능을 추정하는 DIMENSION을 이용하여 임상미술치료가 뇌기능에 어떻게 영향을 주는지를 검토했다(〈그림 2〉 참조).

정상 노인 10명의 뇌기능 변화(〈그림 2〉)를 보면 치료 직전에 뇌기능이 정상 영역인 사람은 4명으로, 경계 영역이 2명, 장애 영역이 4명이었다. 정상 영역에 있던 사람에게는 치료 직후의 뇌기능에 변화가 없었다. 장애 영역에 있던 사람은 모두 치료 직후에 뇌기능이 활성화되었다.

비교 검토를 위해 치매 환자의 검사 데이터를 〈그림 2〉에 병기했다(〈그림 2〉의 ○). 치매 환자는 정상 노인 이상으로 뇌기능의 개선을 보였다.

결과적으로 임상미술치료는 뇌기능에 장애가 있는 사람의 뇌기능을 활성화하며, 장기적으로는 MMSE의 개선을 가져온다는 사실을 알게 되었다.

〈그림 1〉 정상 노인 16명의 MMSE 변화

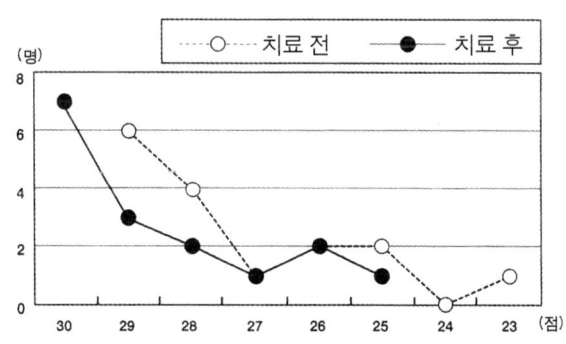

치료 전 MMSE(○)는 평균 27.4점이었고 치료 후 MMSE(●)는 전체적으로 개선되어 28.6점이었다. 그래프는 전체적으로 왼쪽(개선 방향)으로 변이했다.

평균치 : 치료 전=27.4   치료 후=28.6 (〈0.05)

〈그림 2〉 정상 노인 10명의 뇌기능 변화

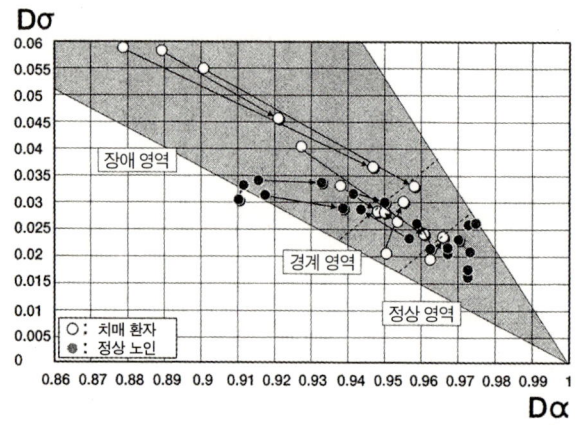

가로축의 Dα는 신경세포의 활동을 나타낸다. 1에 가까워질수록 정상이다. 화살표는 치료 전 값에서 치료 후 값의 변화를 나타낸다. 정상 영역에 있는 정상 노인은 조형요법을 실시해도 신경세포의 활동성에 변화가 없었다. 그러나 장애 영역에 있는 정상 노인은 미술치료 후 활동성이 높아져 미술치료가 치매 환자의 활동성을 개선하는 데 뚜렷한 효과를 나타내는 것으로 인정되었다.

뇌기능이 저하되는 사람들에게 가장 유효한 임상미술치료

지금까지의 검증에 따르면 임상미술치료는 정상인 사람의 뇌 기능에는 영향을 미치지 못하지만, 기능이 저하하고 있는 사람에게는 효과적이라는 사실을 알 수 있다. 또한 가벼운 치매 환자가 건망증을 앓고 있으면서도 일상생활을 할 수 있도록 변화되는 경우도 있다.

이러한 검증결과를 살펴보면, 임상미술치료는 예방치료와 조기치료로서 매우 효과적이라고 할 수 있다.

치매는 증세가 나타나기 전, 예방단계에서 조기 대책을 세우면 개선될 확률이 크게 높아진다. 또한 일상생활을 유지하면서 치료해갈 수 있는 경우도 눈에 띄게 증가하고 있다.

임상미술치료의 기본은 즐거움이나 무엇인가를 만드는 기쁨에 의해 뇌를 자극하고 이를 토대로 심리적 효과를 바라는 것이다. 임상미술치료를 통해 자기가 안고 있는 마음의 병을 자연스럽게 호소할 수 있다. 말하자면 임상미술치료는 마음을 해방할 수 있는 치료인 동시에 뇌를 자극할 수 있는 방법이다.

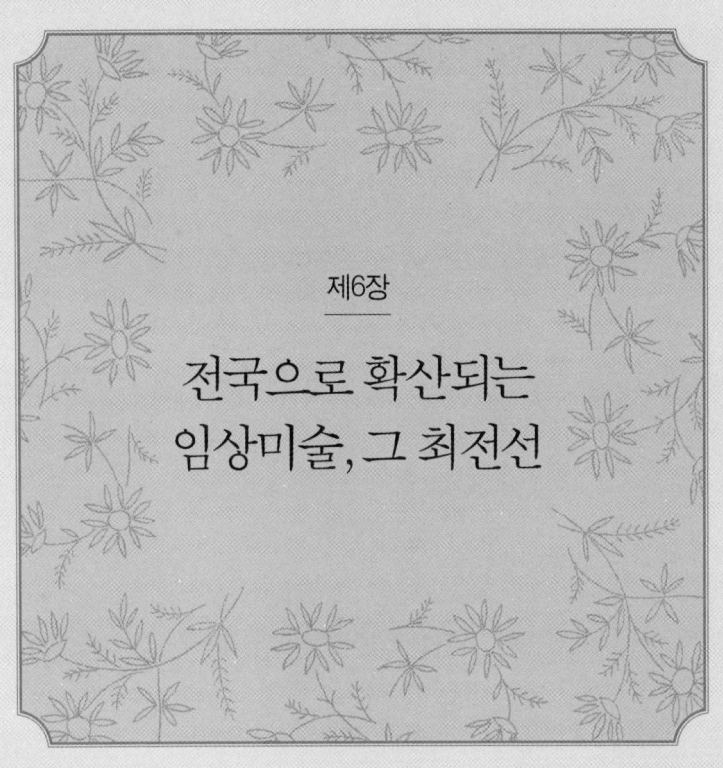

제6장

전국으로 확산되는
임상미술, 그 최전선

병원, 시설에서의 실시

2003년 6월, 임상미술치료 강의를 받는 환자들과 그 가족들, 그리고 임상미술치료사에게 대망의 시설이 탄생했다.

이 시설은 임상미술에 처음부터 참여해온 뇌외과 기무라 신의 '기무라 클리닉'과 동시에 문을 열었다. 지금까지는 병원의 일부분을 빌리는 경우가 많았던 임상미술이 드디어 이상적인 치료공간을 만들 수 있는 환경을 갖추게 된 것이다.

'아르 브뤼트'(ART BRUT)는 사이타마 현〔埼玉縣〕 이나쵸〔伊奈町〕의 신록이 풍부한 땅에 세워져, 참가자들이 커다란 창으로 아름다운 경치를 바라보면서 편안한 마음으로 강의를 받을 수 있다. 밝고 개방적인 실내에 놓인 비품은 의자와 책상에 이르기까지 미술치료에 적합한 것으로 선택했으며, 음향설비와 디지털 TV도 완비되어 창작을 위한 이미지 구성에 도움을 주고 있다.

세시풍속에 맞춘 인테리어 연출이나 작품전시 등의 즐거움은 전용시설이 아니면 어려운 일들이다.

참가자는 환자들과 가족들을 합쳐서 약 65명 정도 된다. 임상미술이 처음 실시된 오미야 의사회〔大宮醫師會〕 시민병원 시절부터 같이 참가한 사람들과, 기무라 클리닉이 개원하면서부터 참가한 사람들이 모여서 서로가 정신적으로 의지하는 분위기도 자연스럽게 조성되었다. 패밀리 케어를 담당하는 세키네 가즈오〔關根

一夫]는 "먼저 다니고 있던 분들이 새롭게 참가하신 분들을 도와줍니다. 그분들이 마치 상담가 같습니다."라고 말했다.

기무라 신도 다음과 같이 설명했다.

"아직까지 현대의료는 병 자체에 중점을 두고 있지만 환자들도 한 사람의 생활인임에는 변함이 없습니다. 저는 임상미술을 시작하여 환자들의 가족과 접함으로써 의료의 기본을 보았다는 생각이 들었습니다. 앞으로 병을 생활의 일부로 생각하는 의료 스타일이 인정되어 전국에 정착하길 바라는 마음으로 이 아르 브뤼트를 설립했습니다."

기무라 신과 더불어 의료 스태프, 상담가, 임상미술치료사 그리고 가족의 단합된 팀워크로써 환자의 충실한 인생을 위해 힘을 합치는 아르 브뤼트에 새롭고 환자 중심의 의료가 이루어지기를 기대한다.

아르 브뤼트에 2년 앞선 2001년 8월부터 임상미술을 실시하고 있는 곳이 도쿄 미타카 시[三鷹市]에 있는 요시오카 재활치료 클리닉이다. 원장인 우노 마사키의 진단을 받은 환자와 가족들 약 50명이 미술치료 교실에 참가하고 있다.

우노 마사키는 일본에서 처음으로 '건망증 외래'를 설립한 사람으로 국립정신 신경센터 무사시병원에서 임상미술을 실시할 당시 이 병원의 부원장이었다. 우노 마사키는 가족들이 미술치료를 매우 신뢰하고, 한 달에 3번 있는 강의에 거의 빠짐없이 다니는 사람이 많다는 사실을 알고 놀랐다. 그리고 일본임상미술협회의 심포지엄에서 다음과 같이 말했다.

"장애가 있으면 아무래도 집에만 있게 되고 사회에 참가하기가 힘들어집니다. 저는 치매라고 불리는 상태에 있는 사람들도 사회에 참가하기를 바랍니다. 그럼으로써 그 사람의 인생이 풍요로워지고 여러 가지 문제가 그 안에서 해결된다고 생각합니다. 예술적인 것을 축으로 한 단체 활동에서 사회성을 회복하고 유지해가는 것이 중요하다고 생각합니다."

이 밖에 같은 국립정신 신경센터 무사시병원의 재활치료 부장을 지낸 아사다 다카시〔朝田隆〕의 진단 아래 쓰쿠바〔筑波〕 기념병원(이바라키 현 쓰쿠바 시)과 오키나와 현〔沖繩縣〕 나하 시〔那覇市〕의 다이도 중앙병원〔大道中央病院〕에서도 임상미술을 실시하고 있다. 또한 도쿄 내의 노인보호시설이나 고령자용 거주시설 등에서도 장기간에 걸쳐 임상미술을 실시하고 있다.

뇌의 건강을 유지하는 간호예방사업

앞에서 이미 임상미술치료가 치매의 예방치료와 조기치료로써 매우 효과가 있다고 언급했다. 실제로 많은 고령자가 공통적으로 '나도 언젠가는 노망이 드는 것이 아닐까?' 라는 불안을 가지고 있다. 지금은 '건강하게 오래 살기' 가 키워드이다.

현재 임상미술을 실시하는 치매 예방교실은 지방자치체에 의한 간호예방사업이 중심이 되어 실시되고 있다.

• 도야마 현[富山縣] 다카오카 시[高岡市]

다카오카 시에서는 '건강한 고령자 만들기 지원사업'의 일환으로 간호예방의 선구적인 대책과 기획을 실시하고 확대함으로써 간호가 필요 없는 건강한 고령자를 확대하자는 활동을 전개하고 있다. 이 중에서 임상미술 도입이 결정된 2001년도부터 계획적으로 미술치료에 의한 예방사업을 증진시키고 있다.

첫 연도에는 일반 고령자 대상의 예방교실이 2개 반이었다. 당시 다카오카 시 복지부 고령자 간호복지과의 담당자인 다케베 마사키[武部正樹]는 체험교실 참가자의 앙케트를 보고 "바로 이거다."라며 앞으로도 계속 추진해갈 의사를 굳혔다고 한다. 앙케트에는 '이런 것을 하고 싶었다.' '나에게 없는 것을 발견했다.' '다른 감각으로 사물을 볼 수 있게 되었다.' '삶의 보람을 느낀다.' 등 미술치료를 접한 놀람과 감동의 목소리가 담겨 있었다.

2002년도에는 예방교실 2개 반을 더 추가하여 치매 증상이 있는 고령자를 대상으로 한 교실도 열었다. 이해에 뇌에 장애가 있는 한 여성이 예방교실에 참가했는데 남편이 '뇌가 활성화된다.'는 홍보 포스터를 보고 지푸라기라도 잡는 심정으로 응모했다고 한다. 다케베는 처음에는 별로 표정이 없었던 부인이 갈수록 말이 늘고 살짝 웃는 모습도 보이는 등 "참가자의 표정 변화, 작품에 대한 기분의 변화는 치매 증상이 있는 사람에게도 명확히 나타났다."라고 말했다.

2003년도는 예방교실과 더불어 임상미술치료사 양성강좌도 만들어졌다. 2년간의 성과를 토대로 임상미술을 많은 사람들에게 지속적으로 실시하는 것이 중요하다는 인식에서 지역 스태프 육성을 시작했다. 각 지역의 재택간호지원센터에서 12명의 직원이 수강하여 준(準)임상미술치료사(5급)를 취득했다. 재택간호지원센터는 간호보험 이외의 고령자를 대상으로 한 예방교실도 실시하여 말 그대로 간호예방의 거점이 되었다. 기존의 레크리에이션이나 게임만으로는 효과에 의문을 제기하는 의견도 있어, 미술치료에 의한 '건강한 고령자 만들기'에 기대가 모아지고 있다. 앞으로는 더욱 작은 지구 단위로 하여 예방교실을 정기적으로 개최하기 위한 대책을 마련 중이다.

• 나가노 현[長野縣] 스와 시[諏訪市]

스와 시에서는 '지역복지계획'이라는 5개년 계획(2004년~2008년)을 추진 중이며, '예술과 복지의 지역 만들기'가 큰 테마이다. 치매 예방에만 그치지 않고 예술을 통해 지역의 커뮤니티나 활력을 되찾아 생활 전체의 질을 향상시키자는 의도이다. 이에 앞서 선정위원회에서는 2003년 2월에 강연회를 개최하여 160명이 임상미술치료를 체험했다. 계속해서 7월에 간호실무자에 대한 연수, 10월부터는 일반 시민도 참가하는 '예술요법강좌'를 실시했다. 이는 치매예방교실을 각 지역에 개설한다는 의도가 있었기 때문이다. 단체 직원을 포함한 27명이 참가하여 5개의 커리큘럼을 체험했다.

2004년에는 먼저 임상미술치료사 양성강좌를 개최하여 스와 시에서 준(準)임상미술치료사(5급) 9명이 탄생했다. 다카오카 시에서는 간호 실무자가 수강했지만, 스와 시에서는 일반인에게 공모를 했다. 많은 응모자 중에서 18명을 뽑아 면접을 하고, 통과된 9명이 수강하여 자격을 취득했다. 이 모두가 예방교실 개최를 위한 준비이지만, 이 계획에 거는 시의 의욕을 엿볼 수 있다.

10월 말부터 드디어 간호예방교실이 실시되었다. 대상은 일일 서비스 이용자와 시설입소자(施設入所者)이다. 경험이 풍부한 임상미술치료사를 강사로 맞아, 스와 시가 육성해온 준임상미술치료사가 지원하는 형식으로 실시되고 있다. '참가형 복지에 의한 활성화' '예술을 살린 지역 만들기'라는 획기적인 시도의 첫걸음이 시작된 것이다.

● 이바라키 현[茨城縣] 츠치우라 시[見土浦市]

츠치우라 시에서는 2001년도에 처음으로 예방교실이 실시되었다. 강의 후에 제출한 감상문에는 인생 경험이 풍부한 사람들이 처음으로 맛본 창작표현의 기쁨을 느낄 수 있었다. 한 감상문을 소개하고자 한다.

"치매 예방과 회복은 저희 노부부에게는 절실한 문제였습니다. '의사가 주는 약만이 아닌 뭔가 좋은 방법이 없을까?' 하고요 몇 년 계속 고민해왔습니다. (중략) 이 나이가 되어 그리지도 못하는 그림을 그리게 될 줄은 꿈에도 생각하지 못한 것이었지만, 예기치 않았던 수확을 얻게 되어 기쁩니다."

작품을 완성하는 즐거움과 부부간의 대화도 생겼으며, 앞으로는 지금까지 없었던 색채나 조형에 대해서도 관심을 가지며 살겠다는 기쁨이 담겨져 있다. 치매예방교실을 계속해 달라는 요청도 쇄도해서 매년 실시하고 있다.

이 밖에도 지바 현〔千葉縣〕 우라야스 시〔浦安市〕와 카마가야 시 가나가와 현〔神奈川縣〕 아츠기 시〔厚木市〕에서도 간호예방사업으로써 임상미술을 도입했다.

일본은 고령사회를 맞이하여 간호를 필요로 하는 고령자 수도 급증하고 있다. 그중에서도 치매 고령자의 발생률은 매년 증가하고 있으며, 2000년에는 137만 명, 2025년에는 389만 명으로 예상하고 있다(일본대학인구연구소). 이러한 사람들을 간호필요도 수 1에서 2의 레벨을 유지할 수 있게 하면, 간호에 드는 비용도 3분의 1 정도로 줄일 수 있다고 한다. 후생노동성 노건국(老健局)은 2003년 5월 간호예방과 삶의 보람 활동지원사업을 적극적으로 실시하도록 서면으로 각 행정 단위에 통보했다. 이러한 배경에서 예술요법을 간호예방사업의 핵심으로 평가하는 자치체도 생겼다. 또한 지방자치체에 의해 개최되어 지역주민도 큰 부담

없이 치매의 불안을 줄일 수 있으며 그중에는 생각하지 못했던 삶의 의미를 발견한 사람들도 있다.

산관학(産管學) 연대에 의한 새로운 건강 서비스

기업이나 단체, 국가나 자치체, 대학 및 연구기관이 하나가 되어 사회적으로 의의가 있는 사업을 추진하는 시스템은 최근 몇 년 사이에 크게 주목을 끌고 있다. 각 산업 분야를 살리고 지혜나 노하우를 서로 제공함으로써 실질적인 사업이 가능하게 되었다.

'센다이 웰니스 컨소시엄'(仙台 Wellness Consortium)도 이러한 조직의 하나로 도호쿠복지대학, 센다이 시, 기업 등으로 결성된 공동사업체이다. 경제산업성(經濟産業省)의 건강 서비스 산업 창출사업을 위탁받음으로써 2004년 8월, 지역형 건강 서비스 산업을 본격적으로 시작했다. 이 프로젝트의 일환으로 임상미술을 통한 사업도 전개 중이다.

이 사업은 '핀란드형 예방복지, 건강증진 프로그램'의 추진과 정착을 목표로 한다. 일본에는 복지선진국 핀란드가 표방하고 있는 복지 서비스 이념이 아직 낯선 형편이다. 일본의 기존 복지 서비스는 일방적으로 제공하는 방식이다. 제공받는 측의 자유의사가 반영되기 어렵고, 본인도 능동적인 자세로 임하기가 어렵다. 핀란드 방식은 복지의 주체가 어디까지나 본인이다. 복지 서비스는 지역에서 본인이 희망하는 생활을 할 수 있도록 지원한다. 따라서 그 내용은 각 개인에게 희망으로 다가가는 것이 아니면 안 된다. 이에 따른 개요는 다음과 같은 것이 있다.

① **자립 생활** : 사회성을 유지하면서 본인 스스로 생활할 수 있는 능력 육성과 유지를 목적으로 한다.

② **재활치료와 예방을 통합한 서비스** : 구체적, 정신적, 사회적인 기능의 회복과 개선을 위한 각 개인에 맞는 서비스의 개발과 의료, 복지기기 개발을 연결한다. 추가로 고령자 직업인 육성과 취업할 수 있는 기업의 창출을 도모하고 자립지원형의 고품질 서비스를 제공한다.

③ **서비스 제공 방식으로써 지원과 보호** : 재택 서비스와 시설 서비스의 유기적인 연대를 도모하고 각종 전문가의 지역적인 서비스 네트워크로 지원한다.

특히, 이번 사업에서는 각 개인이 능동적으로 건강 만들기에 참가할 수 있는 시스템을 제공하고, 적극성을 익힌 고령자의 취업이나 사회참가의 기회를 열어감으로써 심신이 함께 건강해지는 순환형 서비스 개발과 실시에 중점을 두었다. 이러한 목적을 구체화하는 서비스로서 임상미술 사업이 채용되었다.

임상미술 사업으로 검토되고 있는 서비스는 현재 네 가지가 있다.

● 출장 아트 교실

임상미술치료사가 각 지역에서 임상미술 체험교실을 연다. 임상미술을 실시하는 시설은 아직 한정되어 있어 고령자가 멀리까지 외출하기에 부담이 큰 것이 현재의 실정이다. 각 지역에서 희망자가 모여 가볍게 체험할 수 있는 지역밀착형 서비스를 계획 중이다.

● 뇌가 깨어나는 아트 교실

도호쿠복지대학 예방복지 증진센터를 거점으로 예방교실을 개최한다. 센터에서는 예방복지 클리닉, 건강상태 등 종합적인 건강 서비스를 받을 수 있다. 출장 아트 교실의 체험자로 적극적, 계속적으로 참가하고 싶다는 사람을 대상으로 하고 있다.

● 고령자 임상미술치료사의 양성

적극적인 사회참여를 원하는 고령자로 미술 경험이 있는 사람에게 임상미술치료사로서 활약할 수 있는 길을 열어주고 있다. 학습시간을 단기화하여 실천에 의해 배워가는 고령자용 시스템을 준비한다.

• 아트 레시피, 워크숍

아트 레시피는 전문가가 아니라도 임상미술의 커리큘럼을 지도할 수 있는 내용이다. 워크숍에서 체험한 후, 가족이나 친구들끼리 즐겁게 지낼 수 있도록 하는 것이 목적이다.

센다이 웰니스 컨소시엄이 지향하는 지역형 건강 서비스는 지역에 밀착하여 고령자들이 '자기 힘'을 발휘할 수 있도록 하고, 그런 사람들이 적극적으로 사회와 밀착하여 본인뿐만 아니라, 지역 전체가 활성화될 수 있도록 노력한다. 현재 산·관·학의 연대는 고령복지의 세계에서는 전국 각지에서 제창되고 있는 개념으로, 이미 실현 단계에 들어간 프로젝트로서 큰 주목을 받고 있다. 이번 사업이 하나의 모델이 된다면 복지 서비스에 큰 지각변동이 일어날 것으로 예상된다.

임상미술을 지원하는 인재 육성

임상미술치료사는 임상미술의 커리큘럼을 개발하고 현장에서 실시하는 전문가이다. 임상미술치료사의 육성은 1997년에 예술조형연구소의 양성 강좌에서 처음 시작되었으며, 2002년 임상미술치료사의 사회적 지위 확립과 사회 공헌을 목표로 일본임상미술협회가 설립되었고, 양성기관은 협회에서 지정했다.

일본임상미술협회에서 인정되고 있는 임상미술치료사의 자격은 어느 정도 숙달되어 있는지에 따라 5단계로 나누어진다. 본격적으로 활동할 수 있는 임상미술치료사(1~3급)와 어시스턴트 역할을 하는 준임상미술치료사(4~5급)이다. 육성은 5급 강좌를 수료한 뒤에 4급 강좌를 단계적으로 수강해가는 시스템으로 되어 있다. 2급 이상은 실무경험을 쌓아야 한다.

현재 임상미술치료사를 양성하고 있는 기관은 다음과 같다.

• 아트 테라피 베테스다 임상미술치료사 양성강좌

5급 강좌부터 3급 강좌까지 일관하여 공부할 수 있는 유일한 양성강좌이다. 도쿄스쿨은 8년간의 육성실적을 가지고 있으며 강사진이 풍부하다는 장점이 있다. 본격적인 양성은 오랫동안 도쿄에서만 실시되고 있다. 2003년 5월에 오키나와 스쿨, 2004년 1월에 센다이 스쿨을 개교했다. 두 학교 모두 인기가 높으며, 오키나와 스쿨에서는 개강 몇 개월 전에 정원이 다 차서 다음 강좌의 예약이 들어올 정도로 인기가 많다. 오키나와 스쿨은 제1기생이 3급 코스를 수강하고 있다. 이제 곧 오키나와 출신의 임상미술치료사가 탄생될 것이다. 앞으로는 인터넷을 이용한 통신강좌도 진행할 예정이다.

• 지방자치체 주최 양성강좌

앞에서 언급한 것처럼 다카오카 시, 스와 시에서 5급 강좌가 실시되었다. 임상미술에 의한 간호예방사업을 지역에서 계속적으로 실시하기 위해서는 지역과 밀착한 지도자가 반드시 필요하다. 임상미술의 보급에 따라 개강하는 자치체도 증가할 것으로 예상된다.

• 임상미술치료사 속성강좌

앞에서 소개한 센다이 웰니스 컨소시엄 사업의 하나로서 실시 중이다. 미술 경험이 있는 고령자를 3급 레벨까지 육성하는 강좌이다.

• 대학

시대를 반영한 덕분인지, 2002년부터 계속해서 대학 수강과목으로 채택되어 왔다.

도호쿠복지대학에서는 2003년도 가을부터 ' 임상미술론' 이라는 강의명으로 개강하여 18명의 학생이 5급을 공부했다. 2004년도에는 희망자가 예상을 윗돌아 2개 반에서 119명이 수강했다. 또한 1년간 장기적으로 공부하는 4급 강좌도 시작했다.

호세이대학 현대복지학부에서는 2004년도에 '임상미술' 로 시작된 42명 정원의 강의에 400여 명에 가까운 수강 희망자가 쇄도했다.

또한 2004년도 가을에는 시가 현[滋賀縣]에 있는 세이안[成安] 조형대학이 임상미술의 강연회를 개최하였고, 간사이[關西] 지역의 개강도 기대가 모아진다.

각 대학에서 임상미술 강의가 실시된 이후 학생들로부터 이 정도로 주목을 받을 줄은 누구도 예상하지 못한 결과이다. 이미 학생들도 복지나 미술의 새로운 스타일에 대해 모색하고 있었는지도 모르는 일이다. '복지의 세계도 즐거움이 있을 것 같다.' '미술이지만 다른 사람에게 도움이 될 수 있는 즐거움이 있을 것 같다.' 라는 느낌을 벌써부터 민감하게 알아버린 것이 아닐까 싶다.

시대의 전환점과 임상미술의 미래

지금까지 소개한 것처럼, 임상미술은 다양한 분야와 지역에 걸쳐 확대해나가고 있는 추세에 있다. 마지막으로 미디어를 통해 새로운 '발언' 동향에 대해 소개하겠다.

임상미술을 정리한 최초의 책은 2003년에 일본지역사회연구소에서 발행되었다. 제목도 말 그대로 『임상미술』이다. 간단하게 한마디로는 표현할 수 없는 임상미술을 정확히 이해하는 데 참고가 되는 책이다.

2004년 11월에는 센다이 웰니스 컨소시엄 사업에서 소개한 『아트 레시피』라는 책이 발행되었다. 『아트 레시피』는 각 단체 등에서 활용할 수 있게 구성되어 있으며, '현장에서 바로 사용한다.'를 키워드로 하여 손쉽게 구할 수 있는 재료와 간단한 순서로 개발되었다. 이 책에는 그림을 그리는 사람의 상상력을 자극하면서 어른들도 즐길 수 있는 '미술 작품 칠하기' 양식 여덟 가지가 들어 있다.

한편, 초고령화와 치매의 불안을 안고 있는 일본사회에 커다란 전환점이 될 국제회의가 교토에서 개최되었다. 2004년 10월 15일부터 3일간에 걸쳐 열린 국제알츠하이머협회 제20회 국제회의 교토 2004이다. 국내외 참가자가 3,000명 이상, 70개 국 이상이 참가한 대규모 국제회의이다. 지금까지 세계 17개 국, 19개 도시에서 개최되어 치매 환자, 간병인, 의료 전문직, 기업 관계자, 과학자가 한곳에 모이는 회의로 알려져 있다.

국제알츠하이머협회 제20회 국제회의에서는 임상미술을 통해 탄생한 작품 전시가 열렸다. 언어의 장벽을 넘어 호소할 수 있는 비주얼 요소로서 기대를 모았다.

국제회의장에서는 테마를 충분히 전달할 수 있도록 본격적인 미술 전시가 필요하다. 이번 전시는 환경건축가 시미즈 야스히로〔清水泰博〕가 감수하여 국제회의에 부끄럽지 않도록 다음과 같은 구상으로 만들어졌다.

임상미술의 중요한 특징은 커리큘럼에 있다는 인식을 바탕으로, 제작 과정을 중심으로 하여 전시되었다. '미술치료 12개월'을 주요 표제로 하여 각 달을 대표하는 커리큘럼을, 단계별 과정을 통해 소개하며 그 결과물로 환자들의 작품을 전시했다.

구체적으로는 200㎡의 공간에 14개의 부스를 세워 열두 달을 각각의 폐쇄공간으로 보이게 해서 그 부스 자체가 하나의 오브제처럼 아름다운 전시공간을 창출하도록 했다.

일본에서 임상미술과 같은 비약물요법이 개발된 것을 전 세계에 알림으로써 가령 비싼 의약품을 상용하기 어려운 나라의 사람들이 희망을 가지게 하거나, 예술을 통한 새로운 커뮤니케이션, 새로운 스타일의 가능성을 발견하고, 치매 환자들의 사회성 유지에 대한 중요성을 세계 사람들이 느낄 수 있다면 전시는 뜻있는 것이 된다.

가장 중요한 것은 치매 환자들의 풍부한 감성세계가 작품을 통하여 사회에 전시된다는 사실이다.

일본사회에서는 지금도 치매 환자를 '인격마저 모두 잃어버린 사람' '아무것도 모르게 된 사람'으로 생각하고 있다. 이는 매우 유감스러운 일이다. 아직 조금씩이기는 하지만 치매 환자의 발언이 시작되어 세상을 놀라게 한다. 예를 들어, 크리스틴 보든이 지은 『나는 누가 되어 가는가』는 알츠하이머 증세가 나타남에 따른 불안과 공포, 이를 이겨내는 모습을 환자 본인이 상세히 담아내어 베스트셀러가 되었다. 간병만 받는 수동적인 사람으로 인식되었던 환자의 발언이 세계적인 반향을 불러일으켰다.

이번 전시에서 사람들은 임상미술을 통해 환자들의 열린 감성세계를 접하게 된다. 그리고 치매에 걸린 사람도 인간다운 즐거움, 슬픔, 아름다운 것을 느끼는 힘, 그리고 그것을 표현하는 힘을 가지고 있다는 사실을 실감하게 된 것이다. 이에 따라 사회가 바뀌고, 간병이나 간호가 바뀌며, 그리고 환자도 바뀌어간다. 이러한 미래지향이야말로 이번 전시의 최대 테마이다.

국제회의 전시에서 소개된 작품을 포함한 작품집도 동시에 출판될 예정이다. 요시오카 재활치료 클리닉의 미술교실에 다니는 사람들의 작품 240점을 모은 것으로『마음이 열리는 세계 : 미술치료를 즐기는 알츠하이머병을 가진 사람들』이라는 제목의 책이다. 치매 환자가 탄생시킨 작품이 영원히 남아 있을 작품으로써 '발언' 된 것이다.

치매 증상의 예방과 개선을 목표로 임상미술이 시작된 지 어느 덧 9년이 지났다. 그동안 의료 본연의 자세, 복지의 개념, 그리고 미술과 사회의 관계가 조금씩이나마 크게 변화되었다. 이러한 흐름에 보답이라도 하듯, 각 분야에서 임상미술에 거는 기대도 커지고, 요청도 많아졌다. 이제 겨우 시대가 임상미술에 좇아온 느낌이다. 일본임상미술협회가 특정 비영리활동법인으로서 인정된 것도, 넓게 보면 사회에 도움이 된다는 점을 인정받았다는 증거라고 할 수 있다.

치매에 걸린 사람이나 치매를 예방하고 싶은 노인, 그리고 어린이들도 임상미술의 커리큘럼이라면 많은 사람들이 표현의 기쁨을 느낄 수 있다. 표현한다는 것은 적절한 과정만 있으면 어려운 일이 아니다. 임상미술은 모두가 표현하는 즐거움을 느끼며 각자 능동적인 인생을 살아가는 계기가 될 수 있다.